सदाबहार कहानियाँ

लू शुन

युवान बुक्स

अनबाउंड स्क्रिप्ट का उपक्रम

सदाबहार कहानियाँ : लू शुन

ISBN : 978-93-92088-83-4

प्रकाशक : अनबाउंड स्क्रिप्ट
2/41, अंसारी रोड,
दरियागंज, दिल्ली -110002
वेबसाइट : www.unboundscript.com
ई-मेल : books@unboundscript.com
फोन : 011-35807601

मुद्रक : यश प्रिंटो ग्राफ़िक्स, नोएडा, उत्तर प्रदेश

मूल्य : ₹ 125/-

अनुक्रम

वह अभागा

चीन के दूसरे भागों की भांति ल्यूचेन में शराब की दुकानें नहीं हैं। उन सब पर सड़क की ओर मुँह किये काउण्टर हैं। वहाँ पर शराब को गर्म करने के लिए गर्म पानी की व्यवस्था रहती है। दोपहर या शाम को लोग अपने काम से छुट्टी पाकर वहाँ आते हैं और एक प्याली शराब खरीद लेते हैं। बीस साल पहले उसके लिए चार कैश (चीनी मुद्रा) लगते थें, अब दस देने पड़ते हैं। काउण्टर के सहारे खड़े होकर वे गरमागरम शराब पीते हैं और अपनी थकान दूर करते हैं। कुछ कैश देकर खाने की चीज़ें भी ली जा सकती हैं। इन ग्राहकों में अधिकतर ऊँचे कोटवाले गरीब तबके के लोग होते हैं। उनमें से शायद ही किसी के पास ज्यादा पैसे होते हों सिर्फ लम्बे चोंगे पहने धनी ही बराबर के कमरे में जाते हैं और वहाँ बैठकर आराम से खाते-पीते हैं।

बारह साल की उम्र में मैंने शहर के किनारे वाले सियेन हैंग शराबघर में बैरे के रूप में काम करना शुरू किया था। शराबघर के मालिक ने कहा कि लम्बे चोंगे वाले खुशहाल ग्राहको को खिलाने-पिलाने के ख्याल से मैं बड़ा बुद्धू दिखाई देता हूँ, इसलिए मुझे बाहर

के कमरे में कुछ काम सौंपा गया। हालांकि छोटे कोट वाले गरीब ग्राहक लम्बे चोंगे वाले अमीरों की निस्बत ज्यादा आसानी से खुश हो जाते थे, लेकिन उनमें कुछ बहुत ही झगड़ालू किस्म के भी होते थे। वे खुद अपनी आँखों से पीपे में से ढलती शराब देखने का आग्रह रखते थे, जिससे उन्हें पता चल जाये कि शराब के बर्त्तन की तली में पानी तो नहीं है और उसे गर्म पानी में ठीक से रखा गया या नहीं। जब इतनी बारीकी से की जाती थी तो शराब में पानी मिलाना बड़ा मुश्किल था। इसलिए कुछ ही दिन बाद मेरे मालिक ने तय किया कि मैं इस काम के लायक नहीं हूँ। खुशकिस्मती से मेरी सिफारिश किसी प्रभावशाली आदमी ने की थी, इससे वह मुझे बरखास्त तो नहीं कर सकता था। मेरी बदली शराब को गर्म करने वाले नीरस काम पर कर दी गई।

तब से दिन भर मैं काउण्टर के पीछे खड़ा रहता और पूरी तरह अपने काम को अंजाम देता रहता। हालांकि मेरे इस काम से मालिक को संतोष मालूम होता था, लेकिन वह काम मुझे फीका और फालतू मालूम होता था। हमारा मालिक देखने में बडा खूंखार लगता था और ग्राहक रूखे होते थे, सो वहाँ खुश रहना असंभव था। बस कुंग-ची के शराबघर में आने पर मेरी हँसी सुनाई देती थी। यही वजह है कि वह मुझे अब तक याद आता है।

कुंग-ची लम्बे लबादे वाला एक ग्राहक था, जो खड़े होकर शराब पीता था। वह लम्बे कद का आदमी था। उसके चेहरे का कुछ अजीब-सा रंग था और उसके मुँह की झुर्रियों के बीच घाव के निशान दिखाई देते थे। उसकी लम्बी दाढ़ी थी, जिसके बाल बेतरतीबी से बिखरे रहते थे। यद्यपि वह लम्बा चोंगा पहनता था, लेकिन वह चोंगा गंदा और फटा हुआ था। लगता था, मानो दस साल से न तो धुला है, न उसकी मरम्मत हुई है। अपनी बातचीत में

वह इतने ज्यादा पुराने मुहावरे बोलता था कि जो कुछ वह कहता था, उसका आधा भी समझ पाना असंभव था। वह जब भी दुकान में आता था, हर आदमी उसकी ओर देखता था और मुस्करा उठता था। कोई-कोई कहता था, "कुंग, तुम्हारे चेहरे पर कुछ ताजे निशान दिखाई दे रहे हैं।"

बिना उस ओर ध्यान दिये वह काउण्टर पर आकर कहता, "दो प्याले गर्म शराब लाओ और एक प्लेट मसालेदार फलियां।" उसका पैसा चुका देता। इसी बीच जान बूझकर ऊँची आवाज में कोई बोल पड़ता, "तुम फिर चोरी करने लगे होगे।"

आँखें फाड़कर वह कहता, "किसी भले आदमी के नाम पर बिना बात क्यों बट्टा लगाते हो?"

"भले आदमी के नाम पर! अरे, परसों ही तो मैंने तुम्हें हो-परिवार से किताबें चुराने पर ठुकते देखा था।"

इस पर कुंग लाल-पीला हो उठता। उसके माथे की नसें उभर आतीं और वह बिगड़कर कहता, "किताब लेने को चोरी नहीं माना जा सकता। ....किताब लेना, यह तो विद्वान का काम है। नहीं, उसे चोरी नहीं कहा जा सकता।"

फिर वह पुराने ग्रंथों के हवाले देता, जैसे "पूर्ण व्यक्ति गरीबी में संतुष्ट रहता है," और ऐसे पुरातन उद्धरण वह तब तक देता रहता, जब तक कि हर आदमी हँसी से लोट-पोट न हो जाता और सारे शराबघर में आनंद की लहर न दौड़ने लगती।

लोगों की गपशप से पता चला कि कुंग ने प्राचीन साहित्य का अध्ययन अवश्य किया था, लेकिन कोई सरकारी परीक्षा उसने उत्तीर्ण नहीं की थी। उसके पास कमाई का कोई साधन भी नहीं था। वह दिन-ब-दिन गरीब होता गया और अंत में भीख माँगने

की हालत में आ गाया। भाग्य से उसकी लिखावट अच्छी थी और अपनी गुजर-बसर करने के लिए नकल करने का उसे काफी काम मिल जाता था। दुर्भाग्य से उसमें कमियां थीं। उसे शराब पीना अच्छा लगता था और वह काहिल भी था। इसलिए कुछ दिन के बाद जरूरी तौर पर वह गायब हो जाता था और अपने साथ किताबें, कागज, ब्रुश और स्याही ले जाता था। जब ऐसा कई बार हो चुका तो नकल करने के लिए कोई भी उसे काम पर लगाने को राजी नहीं हुआ। अब उसके सामने सिवा चोरी करने के कोई चारा न था। फिर भी हमारे शराबघर में उसका व्यवहार आदर्श था। अपने कर्ज का भुगतान करने में वह कभी नहीं चूका। कभी-कभी उसके हाथ में पैसा नहीं होता था, तब उसका नाम कर्जदारों की सूची में बोर्ड पर लगा दिया जाता था। पर महीने भर से कम में ही हिसाब साफ कर देता था और उसका नाम बोर्ड पर से हटा दिया जाता था।

आधा प्याला शराब पी लेने के बाद कुंग का दिमाग ठीक हो जाता था। लेकिन तभी कोई पूछ बैठता था, "कुंग, क्या तुम सचमुच पढ़ना-लिखना जानते हो?" तब कुंग इस प्रकार देखता था, मानो इस प्रकार का सवाल उसका तिरस्कार करने के लिए पूछा गया हो। वे आगे कहते थे, "यह क्या बात है कि तुमने सबसे मामूली सरकारी इम्तहान भी पास नहीं किया?"

इस प्रश्न को सुनकर कुंग बेचैन हो उठता। उसका चेहरा जर्द पड़ जाता और उसके होंठ काँपने लगते, लेकिन उसके मुँह से समझ में न आने योग्य पुराने कथन ही निकलते। लोग खिलखिलाकर हँसने लगते और सारा शराबघर आनंदित हो जाता।

ऐसे समय में मैं भी उसी हँसी में शामिल हो जाता, क्योंकि ऐसा करने के लिए मेरा मालिक मुझे फटकारता नहीं था। दरअसल वह स्वयं कुंग से ऐसे सवाल करता, जिससे हँसी फूट पड़े।

यह जानते हुए कि बच्चों से बात करने से कोई फायदा नहीं है, कुंग हमसे बातें करता। एक बार उसने मुझसे पूछा, "तम्हें स्कूल में पढ़ने का मौका मिला है?" मेरे सिर हिलाने पर उसने कहा, "अच्छा, मैं तुम्हारी जाँच करूँगा। तुम ह्यू-सियांग हा 'ह्य' अक्षर कैसे लिखोगे?"

मैंनें सोचा, "मैं एक भिखारी द्वारा अपना इम्तहान क्यों होने दूँ।" इसलिए मैंने मुँह फेर लिया और उसकी उपेक्षा कर दी। कुछ देर प्रतीक्षा करके उसने बड़े प्यार से कहा, "क्या तुम इसे नहीं लिख सकते हो? मैं तुम्हें बताऊंगा कि कैसे लिख सकते हो? तुम इसे याद रखना। जब तुम्हारी अपनी दुकान होगी तो तुम्हें उसकी जरूरत पड़ेगी।"

मझे बहुत दिनों तक अपनी दुकान होने की आशा नहीं दिखाई देती थी। इसके अलावा हमारा मालिक ह्यू-सियांग फलियों को कभी रोकड़ बही में दर्ज नहीं करता था। उसकी बात से थोड़ा प्रसन्न होकर, फिर भी कुछ खीजकर, मैंने जवाब दिया, "कौन चाहता है कि आप पढ़ावें? क्या 'ह्यू' अक्षर भारी नहीं है?"

कुंग खुश हो गया। उसने अपने हाथ के दो लम्बे नाखूनों से काउण्टर का टिकटिका कर कहा, "तुम ठीक कहते हो। 'ह्य' लिखने के सिर्फ चार अलग-अलग तरीके हैं। क्या तुम उन्हें जानते हो?"

मेरा धीरज समाप्त हो चला था। मैंने त्योरी चढ़ाई और वहाँ से चल पड़ने को हुआ। कुंग ने अपनी उंगली शराब में डुबोई, जिससे काउण्टर पर उन अक्षरो को लिख सके। किन्तु जब उसने मेरी उदासीनता देखी तो एक आह भरी। उसकी आँखों में व्यथा झलक रही थी।

कभी-कभी, पास-पड़ोस के बच्चे हँसी सुनकर उस मनोरंजन में भाग लेने आ जाते और कुंग को घेर लेते। तब वह उनमें हर

एक को मसाले भरी एक-एक फली देता। उसे खाकर बच्चे भी उसका पीछा न छोड़ते। उनकी निगाहें खाने-पीने की चीजों पर लगी रहतीं। कुंग रकाबियों को अपने हाथ से ढकेलता और आगे झुककर कहता, "जाओ, अब कुछ नहीं है।"

इस पर बच्चे शोर मचाते और हँसी की फुहारें छोड़ते चले जाते। इतना मजेदार था कुंग।

पतझड़ के उत्सव से कुछ दिन पहले एक दिन शराबघर का मालिक अपना हिसाब पूरा करने पर जुटा था। अचानक निगाह उठाकर बोला, "कुंग बहुत दिनों से नहीं आया, उसकी ओर उन्नीस कैश निकल रहे हैं। मालिक की इस बात से हमें पता लगा कि कुंग को कितने दिनों से नहीं देखा है।"

"वह आयेगा कैसे," एक ग्राहक ने कहा, "उस पर इतनी मार पड़ी है कि उसकी टांगें टूट गई हैं।"

"अच्छा!"

"वह चोरी कर रहा था। उसने इस बार बड़ी मूर्खता की, सूबे के विद्वान मिटिंग के यहाँ चोरी करने गया, जैसे वह वहाँ पकड़ा ही नहीं जाएगा।"

"फिर क्या हुआ?"

"होता क्या, उसने लिखकर अपना अपराध कबूल किया, फिर उसकी मरम्मत हुई। बेचारा सारी रात पिटता रहा, जब तक कि उसकी टांगें टूट न गईं।"

"फिर।"

"फिर क्या, टांगें गईं!"

"सो तो ठीक है, उसके बाद क्या हुआ?"

"उसके बाद?...कौन जाने, वह चल बसा हो।"

उस उत्सव के बाद ज्यों-ज्यों जाड़ा आता गया, हवा ठंडी होती गई। मैं अपना समय अंगीठी के सहारे गुजारता। एक दिन दोपहर बीत जाने पर दुकान खाली थी और मैं आँखें बन्द किये बैठा था कि आवाज आई, "एक प्याला शराब गरम करो।"

यह सुनकर मेरा मालिक काउण्टर पर आगे झुका और बोला, "ओहो! कुंग, तुम हो? तुम्हारी तरफ हमारे उन्नीस कैश निकल रहे हैं।"

"उन्हें मैं फिर चुका दूँगा।" बेचैनी से देखते हुए कुंग बोला, "ये लो अभी के पैसे, एक प्याला बढ़िया शराब दो।"

मालिक बड़बड़ाया और बोला, "कुंग, तुम फिर चोरी करने लगे!"

इस बात का जोर से खण्डन करने के बजाय कुंग ने कहा, "आपने यह भी खूब पूछा! अपना मजाक छोड़ो।"

"मजाक! अगर तुमने चोरी नहीं की तो तुम्हारी टांगें कैसे टूटीं?"

"मैं गिर गया था।" कुंग ने धीमी आवाज में कहा, "गिरने से मेरी टांगों में चोट आ गई।" कुंग की आँखें जैसे मालिक से कह रही थीं कि इस बात को आगे मत बढ़ाओ। अब तक बहुत से लोग इकट्ठे हो गये थे और हँसने लगे थे। मैंने शराब गरम की और उसे दे दी। उसने अपने फटे कोट की जेब से चार कैश निकाले और मेरे हाथ में थमा दिये। मैंने देखा, उसके हाथों में धूल-मिट्टी लगी थी। वह शायद हाथों के बल चलकर आया था। उसने शराब का प्याला खत्म किया और लोगों के हँसी-मजाक के बीच हाथों के सहारे चला गया।

इसके बाद फिर बहुत दिन गुजर गये। कुंग दिखाई नहीं दिया। एक दिन शराबघर के मालिक ने हिसाब देखा तो बोला, "कुंग के हिसाब में अब उन्नीस कैश पड़े हैं।"

अगले साल एक दूसरा उत्सव आया तो मालिक ने फिर वही बात दोहराई, लेकिन जब पतझड़ का उत्सव आया तो उसने उसकी बाबत कुछ नहीं कहा।

नये साल का आगमन हुआ, पर कुंग को फिर कभी हमने नहीं देखा। शायद उसकी सचमुच मृत्यु हो गई।

साबुन की टिकिया

श्रीमती-किंग कमरे की उत्तर वाली खिड़की की ओर पीठ करके, सूरज की अन्तिम किरणों की रोशनी में पितर-पूजा में जलाने के लिए कागज के नोट तह कर रही थीं। उसकी आठ वर्ष की लड़की एलिगैंस (शोभा) भी उसका हाथ बंटा रही थी। इसी समय मोटे कपड़े के तले वाले बूटों की फदफद सुनाई दी। और वह जान गई कि सू-मिंग घर आ गया है। वह सर झुकाकर पूर्ववत जुटी रही। उसके पति के भद्दे बूटों की फदफद ऊँची होती गई और वह उसके सिरहाने आ खड़ा हुआ। जब उसने कनखियों से देखा कि वह पीछे की ओर झुका हुआ अपनी काली फतूही के नीचे पहने लम्बे चोरों की जेब में से कुछ निकालने के लिए एड़ी चोटी का जोर लगा रहा है, तो उसे विवश होकर अपना सर उठाना पड़ा।

भरसक कोशिश के बाद कहीं वह सफल हुआ। उसके हाथ में ताजे हरे रंग की एक तिरछी-सी चीज थी जो उसने पत्नी को थमा दी। उसे हाथ में लेने की देर थी कि मन्द और मधुर सुगन्ध से कमरा महक उठा। फीके पीले ढक्कन पर एक सुनहरी मोहर थी जिस पर विदेशी भाषा के अक्षरों में एक सुन्दर नमूना बना हुआ था।

एलिगैंस फौरन बण्डल की ओर झपटी, लेकिन उसकी माँ ने उसे एक ओर धकेल दिया। "आज बाहर गये थे?" पार्सल को ध्यान से देखते हुए उसने पति से पूछा।

"देखो, देखो!" पति ने पार्सल पर अपनी आँखें गड़ाते हुए आग्रह किया।

कोंपल जैसे हरे रंग के काग़ज को ध्यान से खोलने पर भीतर की ओर एक पतला फीका हरा काग़ज दिखाई दिया, जो रोशनी में देखने से फीका पीला लगता था। इस काग़ज के भीतर वह चीज थी-एक सख्त, नर्म, लचीला, टुकड़ा जिस पर हरे रंग की लकीरें थीं। इसी में से सुगन्धि आ रही थी।

"सचमुच ही यह अच्छा साबुन है-"श्रीमती सू-मिंग नें उस कीमती उपहार को बच्चे की तरह उठा कर नाक से लगाते हुए कहा।

"सचमुच" पति ने हामी भरी, "तुम्हारे इस्तेमाल के लिये अच्छा है।" उसने देखा कि बोलते समय पति की नज़रें उसकी गर्दन पर झुकी हुई थीं। शर्म के मारे उसके गाल तमतमा गये। कुछ रोज पहले उसे लगा था कि उसकी गर्दन और कानों के पीछे मैल की पपड़ी जम गई है, लेकिन इस ओर उसने विशेष ध्यान नहीं दिया। पीले सुगन्धित विदेशी साबुन की टिकिया पति की दृष्टि की गवाही दे रही थी। वह बरबस लज्जित हो गई। उसने रात को खाना खाने के बाद उस साबुन की टिकिया से रगड़-रगड़ कर नहाने का फैसला किया।

"कई स्थान तो रीठे से बिल्कुल ही साफ नहीं होते।" उसने मन ही मन स्वीकार किया।

इसी समय एलिस ने चिल्लाकर उसके विचारों में खलल डाल दिया, माँ मुझे साबुन पर लिपटा कागज चाहिए।" अब बीकन (इंगित) जिसका नाम इसलिये चुना गया था कि उसके इशारे पर एक भाई भी उनके घर में आये, भी खेलकूद छोड़कर वहाँ आ धमकी। लेकिन माँ ने धक्का देकर उन्हें दूर हटा दिया और साबुन को कागज में लपेट कर नल के ऊपर की अलमारी के सबसे ऊँचे खाने में रख दिया। यह सोचकर कि अब साबुन बच्चों की पहुँच से परे है, वह बेफिक्री से पुन: अपने काम में जुट गई।

उसके पति ने अचानक आवाज़ दी, स्वे-चेंग! और वह चौंक गई। वह ऊँची पीठ वाली कुर्सी पर उसके सामने ही बैठा था।

उसे समझ में न आया कि इस समय पति को लड़के से क्या काम हो सकता है। लेकिन आज उसका मन कृतज्ञता से भरा था। उसने भी पति के स्वर में स्वर मिला कर आवाज़ दी, "स्वे-चेंग!"

यहाँ तक कि उसने अपना काम भी पटक दिया और लड़के की आहट की प्रतीक्षा करने लगी। पति की ओर क्षमाप्रार्थी की-तरह देखते हुए उसने चीखना-चिल्लाना जारी रखा।

"चुआन-ऐर!" आखिर तँग आकर आवाज़ दी, वह अक्सर गुस्से के मौके पर बेटे को इस नाम से पुकारती थी। उसके तेज गले का फौरन असर हुआ। जूतों की तेज चरमराहट सुनाई दी और चुआन-ऐर भागता हुआ पहुँचा। वह एक छोटी वास्कट पहने था और उसका चेहरा पसीने में तर था।

"क्या कर रहे थे? पिता के आवाज़ देने पर क्यों नहीं आये?" उसने झिड़कते हुए पूछा।

"मैं कसरत कर रहा था," उसने सू-मिंग की कुर्सी के पास फुदकते हुए जवाब दिया। फिर सीधे खड़ा होकर वह प्रश्नसूचक दृष्टि से पिता का मुँह ताकने लगा।

"स्वे-चेंग," पिता ने गम्भीरता से कहा, "जरा बताओ कि 'एर-दू-फू' का क्या अर्थ है?"

एर-दू-फू?" अर्थात् "लड़ाकी औरत?"

"अक्ल का कोल्हू! बकवादी!" सू-मिंग का पारा चढ़ गया,"क्या मैं औरत हूँ?"

स्वे-चेंग चौंक कर कुछ कदम पीछे हट गया, लेकिन फिर बाहों को सीधा तान कर खड़ा हो गया। हालाँकि उसका ख्याल था कि उसके पिता की चाल थियेटर के नटों की-सी है, लेकिन वह औरतों से मिलता-जुलता है, इसकी उसने कल्पना भी न की थी। वह अपनी गलती मानने को तैयार था।

"क्या मुझे यह सीखने की जरूरत है कि 'एर-दू-फू' का अर्थ 'लड़ाकी औरत' क्या मैं अपनी मातृ-भाषा नहीं जानता? लेकिन यह शब्द चीनी भाषा का नहीं-विदेशी शैतानों का है। समझे? अब बताओ इसका अर्थ क्या है, मालूम है?"

"मैं-मुझे नहीं मालूम", स्वे-चेंग ने धबरा कर कहा।

"वाह! स्कूल जाकर इतना भी नहीं सीखा? मेरा सारा पैसा बर्बाद हुआ। जिस लड़के से मैंने यह शब्द सुना था, वह तुमसे छोटा था, केवल चौदह या पन्द्रह वर्ष का। और तुम हो कि उसका अर्थ तक नहीं जानते। उस पर यह गुस्ताखी कि मेरे सामने कह रहे हो, "मुझे नहीं मालूम!" फौरन किताब में से देखकर मुझे बताओ।"

स्वे-चेंग ने कहा, "जी अच्छा" और आदरपूर्वक वहाँ से चला गया।

"विद्यार्थियों की हालत देखकर दया आती है," सू-मिंग ने सोचा, "सम्राट् कुआंग सी के जमाने में मैं नये किस्म के स्कूल खोलने के पक्ष में था मुझे क्या पता था कि उसके परिणाम बुरे होंगे? 'मुक्ति' और 'आजादी' आदि शब्दों का क्या अर्थ है? ठोस शिक्षा के स्थान पर केवल विदेशी नकल का बोलबाला है। इस स्वे-चेंग को ही देखो। मैंने व्यर्थ ही इस पर कितना पैसा बर्बाद किया है? बड़ी आशाओं को लेकर विदेशी स्कूल में पढ़ाया-उसका क्या फल निकला? पूरा साल झख मारने के बाद उसे 'एर-दू-फू' तक का अर्थ नहीं आता! आखिर यह स्कूल हैं किस मर्ज की दवा? इन्हें फौरन बन्द कर देना चाहिए।"

"ठीक कहते हो-सब स्कूलों में ताला डाल देना चाहिये।" श्रीमती सू-मिंग ने काम जारी रखते हुए धैर्यपूर्वक पति का अनुमोदन किया।

एलिगैंस और बीकन को भी स्कूल भेजना बेकार है! जब नवें ताऊ कहा करते थे, "तुम लड़कियों को किसलिए लिखाना-पढ़ाना चाहते हो?" तो मैं उनसे इस बात पर झगड़ता था-लेकिन अब ऐसा लगता है कि उनकी बात सही थी। आजकल की छोकरियाँ धूल के बादलों की तरह सड़कों पर मँडराती रहती हैं, कितनी शर्म की बात है? और अब बाल कटवाने की नौबत भी आ गई। मुझे बालकटी पढ़ने वाली लड़कियों से सख्त नफरत है। लोग तो लुटेरों और सैनिकों से नफरत करते हैं, लेकिन ये छोकरियाँ तो उन सब से गयी-बीती हैं। इनका इलाज होना जरूरी है।"

"ठीक कहते हो।" श्रीमती सू-मिंग ने हामी भरी, "जब मर्द ही भिक्षुओं की तरह सर मुँडवा कर घूमने लगे, तो औरतों ने भी भिक्षुणियों की तरह बाल कटवा कर रही-सही कसर पूरी कर दी।"

यकायक पति को उस शब्द का ख्याल आया, जो इतनी देर से उसे सता रहा था। उसने फिर आवाज़ दी, "स्वे-चेंग।" स्वर में आदेश भरा था।

लड़का एक मोटा-सा अंग्रेजी-चीनी शब्दकोश हाथ में लिए जल्दी से कमरे में दाखिल हुआ। उसकी जिल्द की पीठ पर सुनहरे अक्षरों में कुछ छपा हुआ था।

सू-मिंग को दिखाते हुए लड़के ने कहा, "शायद यही वह शब्द है। मुझे आश्चर्य...... ।"

सू-मिंग ने किताब हाथ में लेकर नज़र दौड़ाई, लेकिन अक्षर बहुत बारीक थे और चीनी ढंग के स्थान पर विदेशी ढंग से बायीं ओर से दायीं ओर को लिखे हुए थे। पहले तो उसके पल्ले कुछ न पड़ा। फिर खिड़की की रोशनी में टकटकी लगाकर देखने से वह चीनी भाषा में दिया हुआ अर्थ पढ़ने में सफल हुआ। "अट्ठारहवीं शताब्दी में बनायी गयी एक गुप्त संस्था।"

"यह गलत है," उसने शिकायत की, "मगर इसका सही उच्चारण कैसे करते हैं?" उसने विदेशी शब्द को इशारे से दिखाते हुए पूछा।

बेटे ने नम्रता से उत्तर दिया, "औड फैलोस" (विचित्र लोग) और चीनी उच्चारण को ठीक 'एर-दू-फू' जैसा बनाने की कोशिश की।

"नहीं, नहीं-यह गलत है।" सू-मिंग ने गुस्से से कहा, "मैं तुम्हें बता रहा हूँ कि इस शब्द का अर्थ बुरा है। यह एक गाली है, जो मेरे जैसे व्यक्ति को निकाली जा सकती है। समझे? जाकर इसका ठीक अर्थ ढूंढो।"

स्वे-चेंग ने परेशान होकर आँखें ऊपर उठाई, लेकिन वहीं पर खड़ा रहा।

"यह सब क्या हंगामा है?" माँ ने इस बार बेटे की तरफदारी की। लड़के को व्यर्थ ही परेशान करते हो। खुद ही सब कुछ बता दो न!" उसने पति की ओर असन्तोष-भरी दृष्टि से देखा। वह दोनों में किसी तरह सुलह कराना चाहती थी।

"बात यों हुई," सू-मिंग कुछ नरमी से पत्नी की ओर झुका, "कि जब मैं साबुन की टिकिया खरीदने गया तो दुकान पर तीन विद्यार्थी भी खड़े थे। उनके विचार में शायद मैं बहुत मीनमेख निकाल रहा था। मैंने पहले चालीस सिक्कों के दाम वाली आधी दर्जन टिकियां देख डालीं। फिर ग्यारह सिक्कों वाली टिकियों को देखा। वे रद्दी किस्म की थीं। इसलिये मैंने बीच के मेल की टिकिया खरीदने का फैसला किया और चौबीस सिक्कों वाली को पसन्द किया। तुम्हें मालूम है कि बड़ी दुकानों पर काम करने वाले छोकरे कितने अकड़बाज होते हैं! उनकी आँखें तो आसमान पर चढ़ी रहती हैं-जमीन पर टिकतीं ही नहीं। जिस छोकरे ने मुझे चीजें दिखाई वह अपनी कुत्ते की सी थूथनी फुला कर अपनी उपेक्षा दिखा रहा था। और वे कमजात विद्यार्थी एक दूसरे की ओर कनखियों से देख कर शैतानी भाषा में मेरी हँसी उड़ा रहे थे। फिर जब मैंने काग़ज खोल कर अन्दर से टिकिया को देखने का आग्रह किया तो दुकान के छोकरे ने बड़ी ऊटपटाँग बातें कीं और उन बन्दर जैसे विद्यार्थियों

की खी-खी बन्द ही न होने में आती थी। भला सोचो तो, बिना जाँचे-परखे मैं कैसे मान लेता कि साबुन सचमुच बढ़िया है। सबसे छोटे विद्यार्थी ने मेरी ओर देख कर यह शब्द कहा था-और सब के सब दाँत निपोरने लगे। अब अनुमान लगाओ कि वह शब्द कितना बुरा होगा? स्वे-चेंग, तुम इस शब्द को गालियों की सूची में ढूँढो।"

स्वे-चेंग "जी अच्छा" कह कर वहाँ से चला गया।

उसके जाने के बाद सू-मिंग ने पत्नी से अपनी शिकायतें जारी रखी। "यह नई तहजीब सब ढकोसला है। क्या कहते हैं नई तहजीब के!" उसने आँखें फाड़ कर छत की ओर देखते हुए कहा, "विद्यार्थी लोग बिगड़ गए हैं। समाज की धज्जियाँ उड़ गयी हैं। अगर उसका कोई इलाज न हुआ तो चीन का सत्यानाश हो जायेगा। तबाही आ जाएगी! कितने दुःख की बात है!"

"इसमें दुःख की क्या बात है?" पत्नी ने अन्यमनस्यकता से पूछा। "जिस ओर नज़र डालो, कलेजा फटता है खास तौर पर नयी पीढ़ी के रंग-ढ़ंग देख कर। माता-पिता का आज्ञापालन, जो चीनी जाति का महान गुण था, गायब होता जा रहा है। खुशकिस्मती से आज सवेरे मुझे एक आज्ञाकारिणी मालिन दिख पड़ी। सड़क पर दो भिखारिनें जा रहीं थीं। उनमें से एक करीब सत्रह-अट्ठारह वर्ष की होगी। इतनी सयानी लड़की का भीख माँगना उचित नहीं-पर बेचारी अपनी अन्धी दादी की सहायता कर रही थी। दोनों भीख माँगती-माँगती कपड़े की दुकान के नीचे की नाली तक जा पहुँचीं। हर कोई कहता था कि लड़की बड़ी सुशील है। जो भी मिलता, दादी को खिला देती और खुद भूखी रहती। लेकिन क्या इस सड़े-गले समाज में लोग उसकी सुशीलता पर तरस खाते हैं?" सू-मिंग ने पत्नी के चेहरे पर नज़र गड़ा कर सवाल पूछा, मानो वह उसकी समझदारी की परीक्षा ले रहा हो।

वह गुमसुम प्रश्नसूचक दृष्टि से पति की ओर देखने लगी मानो कह रही हो,

"तुम्हीं बता दो न!"

"बिल्कुल नहीं!" सू-मिंग आखिर अपने सवाल का जवाब देने पर विवश हुआ। "इतनी देर तक, मेरी आँखों के सामने सिर्फ एक आदमी ने उसकी झोली में ताँबे का एक सिक्का फेंका। दर्जनों लोग खड़े तमाशा देखते रहे। दो बेहया छोकरे लड़की के बारे में बातें कह रहे थे। एक ने कहा, 'इसकी मैल देख कर क्यों नाक-भौं सिकोड़ते हो? अगर दो टिकिया साबुन से इसे रगड़ कर नहला दो तो यह बड़ी मजेदार निकल आएगी।' मैं पूछता हूँ कि यह कैसी बातचीत है?"

श्रीमती सू-मिंग का सर झुक गया था। काफ़ी देर सुस्ताने के बाद उसने पूछा, "क्या तुमने उसे कुछ दिया?"

"मैंने? नहीं। भला किस मुँह से उसे एक या दो सिक्के देता? वह ऐसी-वैसी भिखारिन तो थी नहीं।"

उसकी बात अधूरी ही थी कि उसकी पत्नी नाक साफ करती हुई उठी और शाम का खाना पकाने के लिये रसोई की ओर चल दी। अन्धेरा बढ़ गया था और खाने का समय नजदीक आ गया था।

सू-मिंग भी उठ कर आँगन में आ गया जहाँ कमरे की अपेक्षा अभी अधिक प्रकाश था। स्वे-चेंग दीवार के सहारे कसरत करने में मग्न था। पिता की आज्ञा थी कि संध्या के समय ही वह अभ्यास करे। बेटे को देख कर सू-मिंग ने तेजी से सर हिलाया और दोनों हाथों को पीछे की ओर करके इधर-उधर टहलने लगा। शीघ्र ही आंगन में पड़ा एकमात्र सदाबहार के फूलों का गमला भी सांग के झुट-पुटे में अदृश्य हो गया। रुई के फाहों की तरह छितरे बादलों

में से तारे झिलमिलाने लगे और निशा का आगमन हुआ। सू-मिंग परेशानी से उत्तेजित हो उठा। उसे लगा कि जैसे वह कोई बड़ा काम करने जा रहा है। वह भ्रष्ट विद्यार्थियों और समूचे सड़े-गले समाज के विरुद्ध जिहाद करेगा। उसकी आकांक्षा, तमाम वीर तथा संकटग्रस्त आत्माओं को मुक्ति प्रदान करने की थी।

उसके कदम तेज होते गये और पुराने ढँग के कपड़े के जूतों की कर्कश आवाज़ से बाड़े में बन्द मुर्गियां और वृक्षों में खलबली मच गई और वे चौंक कर चीखने चिल्लाने लगे।

खाना खाने का समय आ पहुँचा था। कमरे में जलता लैम्प पूरे परिवार को खाने के लिए आमन्त्रित कर रहा था। थोड़ी देर बाद ही सब लोग खाने की चौकोर मेज के गिर्द अपनी सलाईयों से कटोरियों को खटखटाने लगे। गर्म करमकल्ले के शोरबे में से भाप निकल रही थी और सू-मिंग मन्दिर की अधिष्ठात्री देवी की तरह सभापति के आसन पर बैठा था।

खाने के बीच में कोई न कोई दुर्घटना अवश्य हो जाती। आज बीकन ने अपनी कटोरी लुड़का दी। सारा शोरबा मेज पर फैल गया। सू-मिंग ने उसे कठोर दृष्टि से देखा, लड़की सहम गई और रोने लगी। इस गड़बड़ में गोभी की डण्ठल जो सू-मिंग को बहुत पसन्द थी-कहीं गिर पड़ी थी। उसे ढूँढने के लिए जब उसने तीलियाँ आगे बढ़ाई तो देखा कि स्वे-चिंग उसे अपने मुँह में ठूँस रहा है। जब उसे पुराना पत्ता खाकर ही सन्तोष करना पड़ा तो उसका गुस्सा और भी भड़क उठा।

"स्वे-चेंग," उसने लड़के की ओर कठोर मुद्रा से देखते हुए पूछा, "क्या तुमने उस शब्द का अर्थ ढूँढ लिया?"

"किस शब्द का?...... जी, अभी नहीं। "

"देखा। न तो तुम कुछ सीख पाये, न तुम्हें रत्ती भर शऊर आया। सिर्फ भर-पेट खाना जानते हो। काश तुम उस आज्ञाकारिणी लड़की का आदर्श सामने रख सकते। भिखारिन होते हुए भी वह अपनी दादी की आज्ञा का पालन करती थी- खुद भूखी रह कर भी दादी को खिलाती थी। तुम विद्यार्थी पितृ-भक्ति की महिमा को क्या जानो? बेहया, कमजात तुम भी उन छोकरों जैसे बनोगे, जिनकी बातें मैंने सुनी थीं।" इसी समय स्वे-चेंग ने हिचकिचाते हुए पिता की बात काटी, "एक शब्द है- पता नहीं शायद वही हो। मेरे ख्याल में उन्होंने, 'ओल्ड फूल'..."

“?”

"ठीक है। कुछ ऐसा ही शब्द था। इसका अर्थ क्या है?”

"मैं-मैं ठीक नहीं जानता।"

"क्या बकते हो? तुम जानबूझ कर नहीं बता रहे। तुम सबके सब विद्यार्थी हरामी हो।"

उसकी पत्नी ने आखिर प्रतिरोध किया। "तुम्हें आज क्या भूत सवार है? चैन से खाना तो दूर रहा, इस तरह चिल्ला रहे हो जैसे पड़ोसियों के कुत्तों या मुर्गों का पीछा करते हैं। आखिर बच्चे, बच्चे ही हैं।"

"क्या?" सू-मिंग और बिगड़ता, लेकिन जब उसने देखा कि पत्नी ने रूठ कर मुँह फुला लिया है और उसके माथे की त्यौरियाँ चढ़ी हुई हैं तो उसने-चट अपनी आवाज़ बदल कर सुलह के स्वर में कहा, मेरे ऊपर कोई भूत सवार नहीं। मैं तो सिर्फ स्वे-चेंग को अक्ल की बातें बता रहा था।

"बेचारा लड़का क्या जाने कि तुम्हारे दिमाग में क्या भरा है।" पत्नी ने तैश में आ कर कहा। "अगर वह समझदार होता तो कभी का उस आज्ञाकारिणी लड़की को यहाँ ले आता। सीधी-सादी बात है, एक टिकिया साबुन उसे दे आये हो। बस दूसरी टिकिया की कसर बाकी रह गई।"

"यह तुम क्या कह रही हो?" उसने हैरानी से कहा, "वे तो उन छोकरों के शब्द थे।"

"मुझे इसमें शक है। बस झटपट दूसरी टिकिया खरीदकर उसे रगड़-रगड़ कर नहलवा दो। फिर वेदी पर सजाकर पूजा करना-चारों ओर सुख-शान्ति की वर्षा होने लगेगी।"

"आखिर तुम्हारी मंशा क्या है इस बात से साबुन का क्या सम्बन्ध? मुझे याद आया कि तुम्हें साबुन की जरूरत है और......।"

"वाह! साबुन का बड़ा गहरा सम्बन्ध है। तुमने यह टिकिया उस आज्ञाकारिणी लड़की के लिये खरीदी थी। जाकर उसे नहलाओ-धुलाओ मुझे इसकी जरूरत नहीं। न मैं इस काबिल ही हूँ। इसके अलावा, मैं उस लड़की की एहसान मन्द नहीं होना चाहती।"

"हाय री औरत-जात!" सू-मिंग नें गुस्से में तंग आकर कहा। फिर वह चुप हो गया। उसकी समझ में न आया कि आगे क्या कहे। उसके चेहरे पर पसीने की बूँदें चमक रहीं थीं, जैसी स्वे-चेंग के माथे पर कसरत के बाद चमका करती थी।

"अभी औरतों के बारे में क्या कह रहे थे? हम औरतें, तुम जैसे मर्दों से लाख दर्जे अच्छी हैं। तुम लोग जब पढ़ने वाली छोकरियों की निन्दा करते हो, तो अट्टारह-बीस वर्ष की जवान भिखारिनों की तारीफ करते समय तुम्हारी नीयत कभी साफ नहीं

होती। मेरी तरफ से जाकर उसे रगड़-रगड़ कर नहलाओ। लानत है मर्दों की बात पर।"

यह बताना मुश्किल है कि श्रीमती सू-मिंग का यह प्रलाप और कितनी देर तक जारी रहता। सौभाग्य से इसी समय एक मेहमान आ टपका और पतिदेव उससे मिलने के लिए दूसरे कमरे में चले गये।

लौटने पर सू-मिंग ने देखा कि एलिगैन्स और बीकन खाने की मेज के नीचे फर्श पर बैठी खेल रही थीं। स्वे-चेंग मेज पर बैठा शब्दकोश से माथापच्ची कर रहा था; उसकी पत्नी लैम्प से दूर एक कोने में ऊँची कुर्सी पर बैठी अनमने भाव से कुछ देख रही थी।

उसके रंग-ढंग को देख कर सू-मिंग को कुछ बोलने- का साहस न हुआ।

बहुत आनाकानी करने के बाद भी दूसरे दिन तड़के-तड़के ही श्रीमती सू-मिंग ने साबुन का सदुपयोग किया। आँखें खोलते ही सू-मिंग को पत्नी के दर्शन हुए। वह नल के आगे झुकी हुई थी, और रगड़-रगड़ कर अपनी गर्दन धो रही थी। उसके कानों पर साबुन की झाग जमी थी। और असंख्य कंकड़ों जैसे बुदबुदे उठ रहे थे।

उस दिन से श्रीमती सू-मिंग खुशबूदार साबुन की एक टिकिया हमेशा अपने पास रखतीं। साबुन ने अपना चमत्कार दिखा दिया था। काश! सू-मिंग के मन में लगे कन्फूशियस के नीति-दर्शन के जाल भी साबुन से साफ हो सकते!

आ क्यू की सच्ची कहानी

अध्याय एक

भूमिका

कई बरस से आ क्यू की सच्ची कहानी लिखने की सोच रहा था, किन्तु उसे लिख डालने की इच्छा होते हुए भी मन में दुविधा बनी थी। इससे स्पष्ट हो जाता है कि मैं उन लोगों में नहीं, जो लेखन से गौरव अर्जित करते हैं। कारण यह है कि सदा एक अमर व्यक्ति के कारनामों का चित्रण करने के लिए सदा एक अमर लेखनी की जरूरत होती है; व्यक्ति लेखनी के कारण भावी पीढ़ी में ख्याति प्राप्त करता है और लेखनी व्यक्ति के कारण। अंत में यह पता नहीं चल पाता कि कौन किसके कारण ख्याति अर्जित करता है। आखिर आ क्यू की कहानी लिखने का विचार प्रेत की तरह मेरे मस्तिष्क पर हावी हो गया।

लेकिन जैसे ही लेखनी उठाई, अमरत्व से कोसों दूर इसके सृजन में आने वाली कठिनाइयों का एहसास होने लगा। पहला प्रश्न

यह खड़ा हुआ- आखिर इसे नाम क्या दिया जाए। कनफ्यूशियस ने कहा है, "अगर नाम सही नहीं, तो शब्द भी सही नहीं दिख पड़ेंगे।" इस कहावत पर बड़ी ईमानदारी से अमल किया जाना चाहिए। जीवन कथाएँ कई तरह की होती हैं- अधिकृत जीवन कथा, आत्मकथा, अनधिकृत जीवन कथा, दंतकथा, पूरक जीवन कथा, परिवार कथा, रेखाचित्र...। लेकिन दुर्भाग्य से इनमें एक भी नाम ऐसा नहीं, जिससे मेरा काम चल जाए। "अनधिकृत जीवन कथा"? स्पष्ट है कि इस ब्यौरे को किसी अधिकृत इतिहास में कई विख्यात व्यक्तियों के विवरण के साथ शामिल नहीं किया जाएगा। 'आत्मकथा'? लेकिन मैं आ क्यू तो हूँ नहीं, इसलिए यह भी ठीक नहीं। यदि इसे 'अनधिकृत जीवन कथा' का नाम दिया जाए, तो उसकी 'अधिकृत जीवन कथा' कहाँ है? 'दंतकथा' कहना भी सम्भव नहीं, क्योंकि आ क्यू किसी दंतकथा का चरित्र तो है नहीं। 'पूरक जीवन कथा?' लेकिन किसी भी राष्ट्रपति ने राष्ट्रीय ऐतिहासिक प्रतिष्ठान को अभी तक आ क्यू की 'प्रतिमानित जीवन कथा' लिखने का आदेश नहीं दिया। यह सच है कि इंग्लैंड के अधिकृत इतिहास में 'जुआरियों के जीवन' का कोई उल्लेख नहीं है, फिर भी प्रसिद्ध लेखक आर्थर कानन डायल ने 'रोडनी स्टोन' उपन्यास की रचना की, पर जहाँ तक प्रसिध्द लेखक को यह सब करने की अनुमति है, वहाँ मुझ जैसे व्यक्ति को इसकी अनुमति कहाँ? फिर क्या उसे 'परिवार कथा' कहा जाए? लेकिन मुझे तो यह भी नहीं मालूम कि मैं आ क्यू के परिवार का सदस्य हूँ भी या नहीं, फिर उसके बेटे-बेटियों या पोते-पोतियों ने मुझे यह काम सौंपा नहीं। यदि इसे 'रेखाचित्र' कहा जाए, तो शायद इस पर एतराज किया जाएगा, क्योंकि आ क्यू का पूरा विवरण तो कहीं उपलब्ध है नहीं। संक्षेप में कहा जा सकता है कि यह एक जीवनी है, परन्तु मेरी

लेखन शैली जरा परिष्कृत नहीं है और इसमें खोमचे व फेरीवालों की भाषा का प्रयोग है, इसलिए मैं इसे इतना ऊँचा नाम नहीं दे सकता। अतः उपन्यासकारों की, जिनकी गिनती तीन मतों और नौ संप्रदायों में नहीं होती, प्रचलित शब्दावली (विषयान्तर बहुत हो चुका, अब सच्ची कहानी पर लौट आना चाहिए) से। 'सच्ची कहानी'- इन दो शब्दों को अपने शीर्षक के लिए चुन लेता हूँ, और अगर इससे प्राचीन काल की 'लिपिकला की सच्ची कहानी' की याद ताज़ा हो जाए, तो इसमें कोई क्या कर सकता है?

दूसरी कठिनाई मेरे सामने यह थी कि ऐसी जीवन कथा कुछ इस प्रकार आरंभ होनी चाहिए-"फलाँ नाम का व्यक्ति, जिसका कुलनाम फलाँ था, फलाँ जगह में रहता था।" लेकिन सच बात तो यह है कि आ क्यू का कुलनाम मुझे मालूम नहीं है। एक बार पता लगा था कि उसका कुलनाम शायद चाओ है, परन्तु अगले ही दिन इसके बारे में फिर एक बार बड़ा घपला हो गया। बात यह हुई कि चाओ साहब के बेटे ने काउंटी की सरकारी परीक्षा पास कर ली। उसकी सफलता की घोषणा ढोल-नगाड़ों के साथ सारे गाँव में की जा रही थी। आ क्यू, जो अभी दो प्याले शराब पीकर आया था, इतराता हुआ कहता फिर रहा था कि यह उसके अपने लिए भी बड़े गौरव की बात है, क्योंकि वह भी चाओ साहब के ही कुल का आदमी है और ठीक-ठाक हिसाब लगाया जाए, तो उसकी वरिष्ठता सफल प्रत्याशी से तीन पीढ़ी ज्यादा बैठती है। उस समय आस-पास खड़े कुछ लोग तो आ क्यू से आतंकित होने लगे थे। लेकिन दूसरे ही दिन बेलिफ उसे चाओ साहब के घर बुला ले गया। जब बूढ़े चाओ साहब ने उसकी ओर देखा, तो उनका चेहरा गुस्से से तमतमा उठा और वे गरजकर बोल पड़े थे, "ओ आ क्यू के बच्चे, तू कहता फिर रहा है कि तू भी हमारे ही कुल का है?"

आ क्यू ने कोई उत्तर नहीं दिया था। जैसे-जैसे चाओ साहब उसकी ओर देखते जाते, उनका पारा लगातार चढ़ता जाता था। दो-चार कदम आगे बढ़कर उसे धमकाते हुए उन्होंने कहा, "तुझे ऐसी बेकार बात कहने की हिम्मत कैसे हुई? भला मैं तेरे जैसे लोगों का संबंधी कैसे हो सकता हूँ? क्या तेरा कुलनाम चाओ है?"

आ क्यू ने कोई उत्तर नहीं दिया। वह वहाँ से भागने ही वाला था कि चाओ साहब ने आगे बढ़कर उसके मुँह पर एक तमाचा जड़ दिया था।

"तेरा कुलनाम चाओ कैसे हो सकता है? क्या तू समझता है कि तेरी जैसी हैसियत का आदमी भी चाओ खानदान का हो सकता है?"

आ क्यू ने चाओ कहलाने के अपने अधिकार की वकालत करने की बिलकुल कोशिश नहीं की और अपना बायाँ गाल सहलाते हुए बेलिफ के साथ बाहर चला गया। बाहर निकलते ही बेलिफ ने उस पर गालियों की बौछार शुरू कर दी। दो सौ ताँबे के सिक्कों से उसकी हथेली गर्म करने के बाद ही आ क्यू उससे अपना पिंड छुड़ा पाया। जिस किसी ने भी यह घटना सुनी उसने यही कहा कि आ क्यू को उसकी मूर्खता की वजह से मार पड़ी। अगर उसका कुलनाम चाओ ही था (जिसकी संभावना कम थी) तो भी गाँव में चाओ साहब के रहते उसका इस तरह डींग मारते फिरना उचित नहीं था। इस घटना के बाद आ क्यू की वंश परंपरा की कहीं कोई चर्चा नहीं हुई। अतः मुझे अब भी ठीक-ठाक पता नहीं कि उसका कुलनाम सचमुच क्या था।

तीसरी कठिनाई, जिसका सामना मुझे इस रचना के बीच करना पड़ा, यह थी कि आ क्यू का व्यक्तिगत नाम कैसे लिखा

जाए। जब तक वह जिन्दा रहा, सभी लोग उसे आ क्वील के नाम से पुकारते रहे, परन्तु जब वह नहीं रहा, तो किसी ने आ क्वील की चर्चा तक नहीं की। कारण स्पष्ट है, वह उन व्यक्तियों में नहीं था, जिनका नाम "बाँस की तख्तियों और रेशम के कपड़े पर सुरक्षित" रखा जाता है। अगर नाम सुरक्षित रखने की ही बात है, तो निश्चय ही यह रचना इस दिशा में पहला प्रयास कहलाएगी। अतः मेरे सामने शुरू में ही यह कठिनाई आ खड़ी हुई। मैंने इस सवाल पर बड़ी बारीकी से विचार किया। आ क्वील, क्या यहाँ आ क्वील का अर्थ पारिजात तो नहीं लगाया जाएगा या क्वील का अर्थ कुलीन वर्ग तो नहीं समझा जाएगा? यदि उसका दूसरा नाम चंद्र मंडप होता, या उसका जन्म दिवस चंद्रोत्सव वाले महीने में मनाया जाता, तो निश्चय ही क्वील का अर्थ पारिजात से लगाया जा सकता था। लेकिन उसका कोई दूसरा नाम नहीं था, अगर था भी तो कोई जानता नहीं था, और उसने अपने जन्म दिवस पर निमंत्रण पत्र भेज कर अपने सम्मान में प्रशंसात्मक कविताएँ कभी प्राप्त नहीं की थीं, इसलिए उसका नाम आ क्वील (पारिजात) लिखना मनमर्जी कहलाएगा। साथ ही अगर उसका आफू (खुशहाली) नाम का कोई बड़ा या छोटा भाई होता, तो उसे अवश्य ही आ क्वील (कुलीन वर्ग) का नाम दिया जा सकता था, परन्तु उसे आ क्वील (कुलीन वर्ग) नाम देने का कोई औचित्य नहीं। शेष सारे असामान्य अक्षर, जिनकी ध्वनि क्वील से मिलती है, इससे भी कम औचित्य रखते हैं। मैंने एक बार यह सवाल चाओ साहब के लड़के से पूछा था, जो काउंटी की सरकारी परीक्षा पास कर चुका था, परन्तु उस जैसा विद्वान भी चक्कर में पड़ गया था। उसका कहना था कि इस नाम का पता इसलिए नहीं चल पा रहा था, क्योंकि छन तूश्यू ने 'नया नौजवान' नामक पत्रिका निकालना शुरू कर दिया था,

जिसमें पश्चिमी वर्णमाला के प्रयोग की वकालत की गई, इससे राष्ट्रीय संस्कृति बिल्कुल तहस-नहस हो रही है। अंत में मैंने अपने इलाके के किसी व्यक्ति से अनुरोध किया कि वह खुद जाकर आ क्यू के मामले से संबंधित कानूनी दस्तावेज की जाँच करे, पर आठ महीने बाद उसने मुझे चिट्ठी लिखी कि उन दस्तावेजों में आ क्वील नाम के किसी आदमी का उल्लेख नहीं है। जबकि मैं विश्वास के साथ यह नहीं बता सकता कि मेरे दोस्त की बात सच भी थी या नहीं, या उसने इस बारे में कोई कोशिश भी की थी या नहीं, फिर भी जब मैं इस तरह उसके नाम का पता नहीं लगा पाया, तो मेरे सामने और कोई चारा नहीं रहा। मुझे डर है कि नई ध्वनि प्रणाली अभी आम लोगों में प्रचलित नहीं है, इसलिए पश्चिमी वर्णमाला का इस्तेमाल करने में अंग्रेजी उच्चारणों के अनुसार आ क्वील नाम लिखने में और उसका संक्षिप्त रूप आ क्यू लिखने में मुझे कोई दिक्कत नहीं जान पड़ती। निश्चय ही यह 'नया नौजवान' पत्रिका का लगभग अंधानुकरण कहलाएगा और इसके लिए मैं बहुत शर्मिंदा हूँ, पर चाओ साहब के लड़के जैसा धुंरधर विद्वान भी मेरी समस्या हल नहीं कर पाया, तो ऐसी हालत में भला मैं और कर भी क्या सकता हूँ?

मेरी चौथी कठिनाई आ क्यू के जन्म स्थान के बारे में थी। अगर उसका कुलनाम चाओ होता, तो इलाके के अनुसार वर्गीकरण करने के पुराने चलन के अनुसार, जो आज प्रचलित है, 'सौ कुलनाम' की टीका देखी जा सकती थी और मालूम हो सकता था कि वह 'कानसू प्रान्त के थ्येनश्वेइ नामक स्थान का निवासी' है, पर दुर्भाग्य से उसका कुलनाम ही विवादास्पद था, इसलिए जन्म स्थान भी अनिश्चित हो गया। हालाँकि उसकी अधिकतर जिन्दगी वेइचवाङ में ही बीती, वह प्रायः दूसरे स्थानों में भी रह चुका था।

इसलिए उसे वेइचवाङ का निवासी कहना भी सही मालूम नहीं होता। यह वास्तव में इतिहास को तोड़ना-मरोड़ना कहलाएगा।

सिर्फ एक बात जिससे मुझे तसल्ली हुई, यह है कि आ अक्षर बिल्कुल सही है। यह निश्चित रूप से किसी झूठी तुलना का परिणाम नहीं है और विद्वत्तापूर्ण आलोचना की कसौटी पर खरा उतरता है। जहाँ तक दूसरी समस्याओं का संबंध है, उन्हें हल करना मेरे जैसे विद्वत्ताहीन व्यक्ति के बूते का नहीं और मैं उम्मीद करता हूँ कि डॉ. हू श, जो इतिहास और पुरातत्व में गहरी रुचि रखते हैं, के शिष्य भविष्य में इस पर नई रोशनी डाल सकेंगे। मैं सोचता हूँ तब तक मेरी 'आ क्यू की सच्ची कहानी' विस्मृति के गड्ढे में खो चुकी होगी। उपर्युक्त पक्तियों को इस रचना की भूमिका माना जा सकता है।

अध्याय दो
आ क्यू की जीतों का संक्षिप्त ब्यौरा

आ क्यू के कुलनाम, व्यक्तिगत नाम और जन्म स्थान से संबंधित अनिश्चितता के अतिरिक्त उसके अतीत के बारे में भी कुछ अनिश्चितता बनी हुई है। कारण यह है कि वेइच्वाङ के लोगों ने उसके 'अतीत' पर जरा भी ध्यान दिए बिना उसकी सेवाओं का उपयोग किया या उसका मजाक उड़ाया। आ क्यू खुद भी इस विषय में मौन रहता, सिर्फ ऐसे अवसर को छोड़कर, जबकि उसका किसी से झगड़ा हो जाता, तो उसकी ओर देखता हुआ वह बोल पड़ता, "किसी समय हमारी दशा तुमसे अधिक अच्छी थी। तुम अपने को आखिर समझते क्या हो?"

आ क्यू का अपना कोई परिवार नहीं। वह वेइच्वाङ गाँव में कुल देवता के मंदिर में रहता था। उसके पास कोई नियमित

रोजगार भी नहीं था। जो भी छोटा-मोटा काम मिल जाता, कर लेता- गेहूँ काटना होता, तो गेहूँ काट देता, चावल पीसना होता तो चावल पीस देता, नाव चलाना होता तो नाव चला देता। अधिक दिनों का काम होता, तो अपने अस्थायी स्वामी के घर में ही रह जाता। पर जैसे ही काम खत्म होता, वहाँ से चल देता। इसलिए जब भी लोगों के पास काम होता, वे आ क्यू को याद करते, पर वे सिर्फ उसकी सेवाओं को याद करते थे, यह नहीं कि उसके अतीत को, और जब काम खत्म हो जाता, तो वे आ क्यू को भूल जाते, उसके अतीत की बात तो दूर रही। एक बार एक बुजुर्ग ने कहा था, "कितना अच्छा काम करता है आ क्यू!" उस समय सामने खड़े आ क्यू का शरीर कमर तक बिल्कुल नंगा था, उसका शरीर मरगिल्ला व दुबला-पतला था, चेहरे पर बेचारगी थी। बहुत लोग यह नहीं समझ पाए कि ये शब्द उसने सचमुच आ क्यू की प्रशंसा में कहे थे या उसका मजाक उड़ाने के लिए। जो हो, आ क्यू यह सुनकर बहुत खुश हुआ।

आ क्यू वास्तव में अपने बारे में बहुत ऊँची राय रखता था। वेइच्वाङ के सभी निवासियों को वह अपने से छोटा समझता था। यहाँ तक कि उन दो युवा विद्वानों को भी किसी योग्य नहीं समझता था, जबकि अधिकतर युवा विद्वानों के सरकारी परीक्षा पास करने की संभावना थी। चाओ साहब और छ्येन साहब की गाँव के लोग बड़ी इज्जत करते थे, क्योंकि वे अमीर होने के साथ-साथ युवा विद्वानों के पिता भी थे। केवल आ क्यू ही ऐसा था, जो उनकी खास इज्जत नहीं करता था और सोचता था, "मेरे बेटे शायद इनसे भी ज्यादा महान बनें।"

इसके अतिरिक्त, जब आ क्यू को कई बार शहर जाने का अवसर मिला, तो शायद उसका दिमाग पहले से ज्यादा चढ़ गया, जबकि इसके बाद वह शहर के लोगों को भी बिल्कुल छोटा समझने लगा। उदाहरण के लिए, तीन फुट लंबे और तीन इंच चौड़े तख्ते से बने बेंच को वेइच्वाङ गाँव के लोग लंबी बेंच कहते थे। आ क्यू भी उसे लंबी बेंच ही कहता था। पर शहर के लोग इसे सीधी बेंच कहते थे। आ क्यू सोचता, 'यह कितना गलत है, कितना हास्यास्पद है।' इसके अतिरिक्त वेइच्वाङ गाँव वाले जब बड़े सिरवाली मछली को तेल में तलते, तो सभी हरी प्याज की पत्तियों के आधे इंच लंबे टुकड़े काटकर उसके साथ छौंकते थे, जबकि शहर वाले उन्हें बारीक काटकर उसके साथ छौंकते थे। आ क्यू सोचता, 'यह कितना गलत है। यह कितना हास्यास्पद है।' लेकिन वेइच्वाङ गाँव वाले समचमुच बिलकुल अनपढ़ और गँवार थे और उन्होंने यह कभी नहीं देखा था कि शहर में मछली कैसे तली जाती है।

आ क्यू, जो किसी भी समय काफी खुशहाल था और दुनियादारी में कुशल एक अच्छा कमेरा था, एक बिलकुल संपूर्ण इंसान होता अगर बदकिस्मती से उसके शरीर में कुछ विकृतियाँ न होतीं। सबसे ज्यादा दुःखदायी उसकी खोपड़ी पर वे चमकीले निशान थे, जो अतीत में किसी समय दाद से पीड़ित होने के कारण बन गए थे। जबकि ये निशान उसके अपने ही सिर पर थे, आ क्यू इन्हें जरा भी सम्मानजनक नहीं समझता था। यही वजह थी कि वह दाद या इससे मिलते-जुलते किसी भी अन्य शब्द का प्रयोग नहीं करता था। बाद में इससे एक कदम और आगे बढ़कर उसने चमकदार और रोशनी शब्दों का प्रयोग भी बंद कर दिया और इसके बाद चिराग और मोमबत्ती शब्द का प्रयोग भी बंद कर

दिया। जब कोई जान बूझकर या अनजाने में इन वर्जित शब्दों का प्रयोग करता, तो आ क्यू गुस्से से तमतमा उठता, उसके दाद के निशान लाल हो उठते। वह गुस्ताखी करने वाले की ओर देखता अगर वह कोई ऐसा आदमी होता तो जवाब देने में उससे कमजोर साबित होता, तो उसे खूब जली-कटी सुनाता, अगर कोई ऐसा आदमी होता, जो लड़ने में उससे कमजोर होता, तो फौरन उस पर हाथ छोड़ देता। फिर भी यह विचित्र बात थी कि इन मुठभेड़ों में प्रायः आ क्यू को ही मात खानी पड़ती। अंत में वह नए दाँव-पेंच अपना लेता और अपने प्रतिद्वंद्वी को गुस्से से लाल आँखों से घूरकर ही मन को तसल्ली दे लेता।

बात यह हुई कि जब से आ क्यू ने लोगों को गुस्से से लाल आँखों से घूरना शुरू किया, वेइच्वाङ के बेकार लोगों को उसका मजाक उड़ाने या उसे छेड़ने में ज्यादा मजा आने लगा। वे जैसे ही उसे देखते, उकसाने के लिए कह देते, "देखो तो, रोशनी हो रही है।"

आ क्यू की तरह उत्तेजित हो उठता और गुस्से से लाल आँखों से उन्हें घूरने लगता।

"अच्छा, तो यहाँ पैराफीन का चिराग रखा है।" वे उससे जरा भी डरे बिना अपनी बात जारी रखते।

आ क्यू कुछ नहीं कर पाता। सही जवाब ढूँढ़ पाने के लिए दिमाग पर जोर डालकर कहता, "तुम इस योग्य भी नहीं हो कि... " ऐसे मौके पर उसे लगता, मानो उसकी खोपड़ी पर अंकित निशान, उसके उदात्त व गौरवमय चरित्र के द्योतक हों, दाद के मामूली निशान न हों। फिर भी जैसे कि पहले कहा जा चुका है, आ क्यू दुनियादारी में कुशल था। वह फौरन समझ जाता कि उसके मुँह से वर्जित शब्द निकलने जा रहे हैं, बात वहीं समाप्त कर देता।

अगर बेकार लोगों को इतने से भी तसल्ली न होती और वे उसे उकसाना जारी रखते, तो हाथापाई की नौबत आ जाती। आ क्यू जब बिल्कुल परास्त हो जाता और बेकार लोग उसकी भूरी चोटी खींचकर उसका सिर चार-पाँच बार दीवार से टकरा देते, तभी वे अपनी विजय पर संतुष्ट होकर वहाँ से आ जाते। आ क्यू एक क्षण के लिए वहीं रुक जाता और मन-ही-मन सोचने लगता, "मालूम होता है, मुझे मेरे बेटे ने पीटा है। आजकल कैसा जमाना आ गया है।" इसके बाद वह भी अपनी विजय पर संतुष्ट होकर वहाँ से चला जाता।

आ क्यू अपने मन में जो कुछ भी सोचता, बाद में दूसरे लोगों को अवश्य बताता। इस तरह वे सभी, जो उसकी खिल्ली उड़ाते थे, मनोवैज्ञानिक विजय प्राप्त करने के उसके तरीके को अच्छी तरह जान गए थे। इसलिए बाद में जो कोई भी उसकी भूरे रंग की चोटी खींचता या मरोड़ता था, उससे वह पहले ही कह देता, "आ क्यू, बेटा बाप की पिटाई नहीं कर रहा, बल्कि इंसान जानवर की पिटाई कर रहा है। थोड़े में कहें, तो इंसान जानवर की पिटाई कर रहा है।"

आ क्यू अपनी चोटी की जड़ मजबूती से पकड़ लेता और सिर टेढ़ा करके कहता, "यह क्यों नहीं कहते कि इंसान कीड़े की पिटाई कर रहा है? मैं एक कीड़ा हूँ। अब मुझे छोड़ोगे या नहीं?"

हालाँकि उसका अस्तित्व कीड़े के बराबर ही था, फिर भी बेकार लोग जब तक अपनी आदत के अनुसार आसपास की किसी चीज से पाँच-छह बार उसका सिर न टकरा देते, तब तक अपनी विजय पर संतुष्ट होकर वहाँ से नहीं जाते और तब तक उन्हें इस बात का विश्वास हो पाता कि आ क्यू इस बार हार गया है, पर दस सेंकेंड बीतने से पहले ही आ क्यू भी अपनी विजय पर संतुष्ट होकर वहाँ से चल देता, यह सोचता हुआ कि वह "सर्वप्रथम आत्म-तुच्छ

व्यक्ति" है, और अगर "सर्वप्रथम आत्म-तुच्छ व्यक्ति" शब्द निकाल दिए जाएँ तो केवल सर्वप्रथम रह जाता है। क्या सर्वाधिक अंक लेकर सरकारी परीक्षा पास करने वाला प्रत्याशी भी सर्वप्रथम नहीं है? आखिर तुम लोग अपने को समझते क्या हो?"

अपने शत्रुओं से लोहा लेने के लिए ऐसी चालाकी भरी चालें चलने के बाद आ क्यू खुशी-खुशी शराब खाने में जा पहुँचता और दो-चार पेग चढ़ा कर दूसरों से फिर हँसी-मजाक करता, फिर झगड़ा करता, फिर विजयी होकर कुल देवता के मंदिर में खुशी-खुशी लौट जाता। वह तकिए पर सिर रखते ही गहरी नींद सो जाता। जब कभी उसकी जेब में पैसा होता, तो जुआ खेलने पहुँच जाता। जुआरियों की टोली जमीन पर बैठी होती। उनके बीच आ क्यू भी जा बैठता। उसके चेहरे से पसीना चू रहा होता। वह सबसे ज्यादा जोर से चिल्ला उठता, "हरे नाग पर चार सौ।"

"बस, अब खुल रही है बाजी।" पसीने से तर चेहरे वाला जुआ संचालक संदूकची खोल देता और जोर से बोल पड़ता, "स्वर्ग का दरवाजा... 'कोण' को कुछ नहीं मिला। 'लोकप्रियता मार्ग' का दाँव खाली गया। आ क्यू के पैसे मेरे हवाले कर दो।"

"'मार्ग.... एक सौ... एक सौ पचास।"

इन शब्दों के साथ धीरे-धीरे आ क्यू का सारा पैसा पसीने से तर अन्य जुआरियों की जेब में पहुँच जाता। अंत में वह मजबूर होकर उनके बीच से बाहर निकल जाता और पीछे बैठ कर दूसरों की हार-जीत की चिंता करता खेल देखता रहता। जब खेल खत्म हो जाता, तो बड़े बेमन से कुल-देवता के मंदिर में लौट आता। अगले दिन जब काम पर जाता, तो उसकी आँखें रात भर जागने के कारण सूजी हुई होतीं।

लेकिन एक बार वेइच्वाङ में देवताओं का त्यौहार मनाया जा रहा था। शाम का समय था। प्रथा के अनुसार एक नाटक खेला जा रहा था, और प्रथा के ही अनुसार, रंगमंच के निकट जुआ खेलने के लिए बहुत सी मेजें लगी हुई थीं। नाटक के ढोल-नगाड़ों की आवाज आ क्यू को ऐसी लग रही थी, मानो तीस मील दूर से आ रही हो। उसके कान केवल जुआ संचालक की आवाज की ओर लगे थे। बाजी बार-बार आ क्यू के हाथ रही। उसके ताँबे के सिक्के, चाँदी के सिक्कों में और चाँदी के सिक्के डॉलरों में बदलते गए, डॉलरों की ढेरी बढ़ती गई। वह खुशी से उछल पड़ा और जोर से चिल्लाया, "स्वर्ग के दरवाजे पर दो डालर।"

आ क्यू को यह कभी मालूम न हो सका कि झगड़ा किसने और क्यों शुरू किया। गाली-गलौज, लात-घूँसों की मार और भगदड़ के शोर से उसका सिर चकरा गया और जब वह होश में आया, तब तक सभी जुए की मेजें और जुआरियों की टोली गायब हो चुकी थी। उसके शरीर का पोर-पोर दुःख रहा था, लगता था कि उसे भी लात-घूँसे लगे हैं। आसपास जमा बहुत-से लोग उसे आश्चर्य से उसकी ओर देख रहे थे। यह महसूस करता हुआ कि उसकी कोई चीज खो गई है, वह कुल-देवता के मंदिर लौट गया और जब पूरी तरह होश में आया, कहीं उसे महसूस हुआ कि उसकी डॉलरों की ढेरी गायब हो चुकी है। त्यौहार में जुए की मेजें लगाने वाले ज्यादातर वास्तव में वेइच्वाङ के निवासी नहीं थे, इसलिए अपराधियों का पता कैसे लगाया जा सकता था?

चाँदी के सिक्कों की कितनी उजली, कितनी चमकदार ढेरी थी वह। सारी की सारी रकम उसकी हो चुकी थी पर अब गायब हो गई है। यह सोच कर भी कि उसके अपने बेटे ने चुरा लिया है, उसके मन को तसल्ली नहीं हो पाई। अपने आपको कीड़ा समझकर

भी उसे चैन नहीं मिला। यह पहला अवसर था जब उसे सचमुच पराजय की कड़वाहट का मजा चखने को मिला।

लेकिन अगले ही क्षण उसने अपनी पराजय को विजय में बदल डाला। दायाँ हाथ ऊपर उठाकर उसने कसकर अपने मुँह पर दो थप्पड़ मारे, इतनी जोर से कि चेहरा दर्द से झनझना उठा। थप्पड़ खाने के बाद उसका दिल कुछ हलका हो गया, क्योंकि उसे लगा, थप्पड़ मारने वाला तो वह खुद है और थप्पड़ खाने वाला कोई और है। जल्दी ही उसे ऐसा लगा जैसे उसने किसी दूसरे व्यक्ति की पिटाई की हो, जबकि उसका चेहरा अब भी दर्द से झनझना रहा था। अपनी विजय पर संतुष्ट होकर वह लेट गया। शीघ्र ही उसकी आँख लग गई।

अध्याय तीन

आ क्यू की जीतों का संक्षिप्त ब्यौरा

हालाँकि आ क्यू सदा विजय प्राप्त करता जाता था, फिर भी उसे प्रसिद्धि सिर्फ तभी हासिल हुई, जब चाओ साहब ने उसके मुँह पर थप्पड़ मारने की तकलीफ उठाई।

बेलिफ के हाथ में दो सौ ताँबे के सिक्के रखने के बाद वह गुस्से से जमीन पर लेट गया। बाद में अपने आपसे कहने लगा, "आजकल दुनिया न मालूम कैसी हो गई है, बेटे अपने बाप को पीटने लगे हैं..." तब वह चाओ साहब की प्रतिष्ठा के बारे में सोचने लगा, जिन्हें अब वह अपना बेटा समझने लगा था। धीरे-धीरे उसका जोश ऊँचा उठता गया। वह उठा और "युवक विधवा अपने पति की कब्र पर" गीत की पक्तियाँ गुनगुनाता हुआ शराब खाने में

जा पहुँचा। उस समय अवश्य उसे महसूस हुआ कि चाओ साहब का रुतबा ज्यादातर लोगों से थोड़ा ऊपर है।

यह कहते हैरानी होती है कि इस घटना के बाद सभी आ क्यू की असाधारण तौर पर इज्जत करने लगे। वह शायद यह सोचता रहा कि लोग ऐसा इसलिए करते हैं, क्योंकि वे उसे चाओ साहब का पिता समझते हैं। पर वास्तविकता यह नहीं थी। वेइच्वाङ में दरअसल यह प्रथा थी कि यदि सातवाँ बेटा आठवें बेटे को पीट दे या फलाँ ली फलाँ चाड़ को पीट दे, तो कोई खास बात नहीं समझी जाती थी पर जब पिटाई की घटना का संबंध चाओ साहब जैसे किसी महत्त्वपूर्ण व्यक्ति से होता, तो गाँव वाले इसे चर्चा का विषय समझते थे। जहाँ एक बार उन्होंने इसे चर्चा का विषय समझ लिया, तो पिटाई करने वाले के एक मशहूर व्यक्ति होने के कारण, जिसकी पिटाई की जाती थी, उसे भी पिटाई करने वाले की प्रसिध्दि का कुछ-न-कुछ प्रतिफल अवश्य प्राप्त हो जाता था। पूरी तरह पर प्रतिफल हमेशा आ क्यू का ही माना जाता था, क्योंकि लोग समझते थे कि चाओ साहब कतई गलती नहीं कर सकते, पर अगर आ क्यू ही दोषी था, तो सभी लोग असाधारण रूप से उसकी इज्जत करते क्यों महसूस होते थे? इसका कारण बताना कठिन है। इसका कारण शायद आ क्यू का यह कहना था, वह भी चाओ परिवार का ही सदस्य है। जबकि उसकी पिटाई की जा चुकी थी, फिर भी लोग शायद यह समझते थे कि बात में कुछ सच्चाई है, इसलिए उसके प्रति आदरपूर्ण व्यवहार करना ज्यादा सुरक्षित होगा। यह भी कहा जा सकता है कि यह मामला कनफ्यूशियस के किसी मंदिर में बलि के रूप में चढ़ाए गए गाय के मांस की तरह है, जबकि गाय का मांस भी सूअर या भेड़-बकरी के मांस की ही तरह जानवर का मांस होता है, फिर भी बाद में

कनफ्यूशियस संप्रदाय के अनुयायियों ने उसे छूने का साहस भी नहीं किया, क्योंकि कनफ्यूशियस स्वयं इसका सेवन कर चुके थे।

इसके बाद आ क्यू अनेक बरस तक सुख और चैन से रहा। एक दिन वसंत के मौसम में वह खुशी से झूमता हुआ जा रहा था कि उनसे देखा कमर तक नंगा मुछंदर वाङ दीवार के सहारे बैठा जूँ बीन रहा है। यह देखकर आ क्यू को भी खुजली महसूस होने लगी। मुछंदर वाङ का शरीर दाद से पीड़ित था, उसके चेहरे पर लंबी-लंबी मूँछें थीं, इसलिए सभी उसे दादवाला मुछंदर वाङ पुकारते थे। आ क्यू दादवाला शब्द इस्तेमाल नहीं करता था फिर भी वह मुछंदर वाङ को बिलकुल तुच्छ समझता था। आ क्यू सोचता था कि दाद से पीड़ित होना कोई खास बात नहीं है, मगर दोनों गालों पर मूँछ के बालों के इतने गुच्छे होना सचमुच कितना भोंडा लगता है, समचुमच कितना हीन लगता है, अतः आ क्यू उसके बगल में जा बैठा। अगर कोई बेकार आदमी होता तो आ क्यू उसके पास इतनी लापरवाही से कतई नहीं बैठता, लेकिन मुछंदर वाङ के पास बैठने में उसे भला किसका डर था। सच तो यह था कि आ क्यू का वाङ के पास बैठना वाङ के लिए ही बड़े गौरव की बात थी।

आ क्यू ने अपनी अस्तर वाली फटी-पुरानी जाकिट उतारी और उसे पलट डाला, लेकिन काफी देर खोजने के बाद भी सिर्फ तीन-चार जूँ ही बीन पाया। कारण या तो यह था कि उसने अपनी जाकिट हाल ही में धोई थी या यह कि वह खुद जूँ बीनने में एकदम अनाड़ी था। उसने देखा, मुछंदर वाङ अब तक लगातार एक के बाद एक कई जूँ बीन चुका है और दाँतों के बीच रखकर चट्ट की आवाज के साथ उन्हें मार भी चुका है।

आ क्यू को पहले मायूसी हुई और फिर गुस्सा आने लगा- यह निकम्मा मुछंदर वाङ इतनी अधिक जूँ पकड़ चुका है, जबकि मैं केवल कुछ ही पकड़ सका हूँ, कितनी शर्म की बात है। उसने एक-दो बड़ी जूँ पकड़ने की कोशिश की, लेकिन कोई हाथ न आई। बड़ी कठिनाई से वह एक बीच के आकार की जूँ पकड़ पाया, जिसे उसने बड़े गुस्से के साथ मुँह में डालकर दाँत से कुचल दिया, लेकिन उसके पिचकने की आवाज बड़ी धीमी थी, मुछंदर वाङ की चट्ट की आवाज की तुलना में बिल्कुल धीमी।

आ क्यू के सिर के सारे निशान लाल हो गए। उसने अपनी जाकिट जमीन पर पटक दी और उसकी ओर थूककर बोला, "साला, झबरीदार कीड़ा।"

"ओ खुजीले कुत्ते, गाली किसे दे रहा है?" मुछंदर वाङ ने तिरस्कार भरी नज़र पर उठाते हुए कहा।

पिछले कुछ बरस में आ क्यू को जो अपेक्षाकृत सम्मान प्राप्त हुआ था उसी से उसका घमंड कुछ बढ़ गया था, पर अब कभी मारपीट में तेज गुंड़ों से पाला पड़ता, तो वह बिल्कुल भीगी बिल्ली बन जाता, लेकिन आज उसका मन झगड़ा करने को बहुत मचल रहा था। यह कैसे हो सकता था कि झबरीदार गालों वाला यह कीड़ा उसकी बेइज्जती कर दे?

"जिस किसी का नाम इससे मेल खाता हो।" आ क्यू ने जवाब दिया, वह दोनों हाथ कमर पर रख तनकर खड़ा हो गया।

"ओबे, क्या तेरी हड्डियाँ खुजा रही हैं?" यह कहता हुआ मुछंदर वाङ भी अपना कोट पहन तनकर खड़ा हो गया।

यह सोचकर कि वाङ का इरादा भाग खड़े होने का है, आ क्यू ने उस पर वार करने के लिए अपनी मुट्ठी तान ली, लेकिन मुट्ठी का

वार होने से पहले ही मुछंदर वाङ ने उसे दबोच लिया और इतने जोर से झटका दिया कि वह लड़खड़ा कर गिर पड़ा। इसके बाद मुछंदर वाङ ने आ क्यू की चोटी पकड़कर उसे दीवार की ओर घसीटा, ताकि उसका सिर सदा की तरह दीवार से टकराया जा सके।

"एक भला आदमी जबान इस्तेमाल करता है, हाथ नहीं।" आ क्यू ने सिर टेढ़ा करके विरोध किया।

प्रकट है मुछंदर वाङ भला आदमी नहीं था, क्योंकि आ क्यू की बात पर जरा भी गौर किए बिना उसने एक के बाद एक पाँच बार उसका सिर दीवार पर दे मारा और उसे इतने जोर का धक्का दिया कि वह लड़खड़ाता हुआ दो गज दूर जा गिरा। बस तब जाकर मुछंदर वाङ के दिल को तसल्ली हुई और वह वहाँ से चला गया।

जहाँ तक आ क्यू को याद है, यह उसकी जिंदगी में पहला अवसर था जबकि उसे इस तरह अपमान का घूँट पीना पड़ा था। मुछंदर वाङ के झबरीदार गालों की वह हमेशा ही हँसी उड़ाया करता था, लेकिन वाङ ने उसका कभी मजाक नहीं किया, मार-पीट करना तो अलग। लेकिन आज आशा के उलट मुछंदर वाङ ने उसकी पिटाई कर दी थी। शायद लोग बाजार में जो कुछ कह रहे थे, वह सच था - "बादशाह ने सरकारी इम्तहान लेना बंद कर दिया है। जिन विद्वानों ने ये इम्तहान पास किए हैं उनकी अब आवश्यकता नहीं है।" शायद इससे चाओ परिवार की प्रतिष्ठा कम हो गई होगी। लोगों द्वारा आ क्यू के प्रति तिरस्कार का रुख अपनाए जाने का कारण क्या यही तो नहीं था?

आ क्यू अस्थिर खड़ा था। दूर से आ क्यू का एक और शत्रु आ रहा था। वह छ्येन साहब का सबसे बड़ा लड़का था, जिससे आ क्यू भी नफरत करता था। शहर के एक विदेशी स्कूल में पढ़ने

के बाद शायद वह जापान चला गया था। छः महीने बाद जब वह अपने देश लौटा था, तो तन कर चलने लगा था और अपनी चोटी कटवा चुका था। उसकी माँ दसियों बार रो चुकी थी और पत्नी तीन बार कुएँ में छलाँग लगाने की कोशिश कर चुकी थी। बाद में उसकी माँ ने सबको बताया, "जब वह शराब के नशे में था तो किसी लफंगे ने उसकी चोटी काट दी। अब तक वह न जाने कब का अफसर बन गया होता, लेकिन अब उसे तब तक प्रतीक्षा करनी होगी जब तक उसकी चोटी फिर नहीं उग जाती।" आ क्यू को उसकी बात पर विश्वास नहीं हुआ और वह बड़े हठ के साथ उसे नकली विदेशी दरिंदा और विदेशी पगार पाने वाला देशद्रोही कहता रहा था। जैसे ही आ क्यू उसे देखता, धीमी आवाज में गालियाँ बकने लगता।

आ क्यू को उसकी जो चीज सबसे बुरी लगती थी, वह थी नकली चोटी। जिसकी चोटी भी नकली हो, ऐसे आदमी को भला इंसान कैसे कहा जा सकता था। साथ ही चूँकि उसकी पत्नी ने चौथी बार कुएँ में छलाँग मारने की कोशिश नहीं की थी, इसलिए उसे भला एक अच्छी औरत कैसे कहा जा सकता था।

और अब वही नकली विदेशी दरिंदा उसकी ओर आ रहा था।

"गंजा...! गधा...!" पहले आ क्यू उसे धीमी आवाज में ही गालियाँ दिया करता था, ताकि वह सुन न सके, लेकिन आज चूँकि उसका मूड ठीक नहीं था और वह अपने दिल की भड़ास निकालना चाहता था, इसलिए ये शब्द उसके मुँह से अनायास ही थोड़ा जोर से निकल गए।

दुर्भाग्य से वह गंजा एक चमकदार भूरी छड़ी लिए था, जिसे आ क्यू मातमपुर्सी करने वाली छड़ी कहता था। लंबे कदम बढ़ाता वह आ क्यू पर टूट पड़ा जो पहले से ही यह अनुमान लगाकर

कि उसे मार जरूर पड़ने वाली है, अपनी पीठ तानकर पिटाई की प्रतीक्षा कर रहा था। निश्चय ही बड़े जोर की चटाक की आवाज हुई, ऐसा लगा जैसे छड़ी से सिर पर चोट की गई हो।

"मैंने तो उसके लिए कहा था।" पास खड़े एक बच्चे की ओर इशारा करते हुए आ क्यू ने सफाई दी।

चटाक! चटाक! चटाक! जहाँ तक आ क्यू को याद है, यह उसकी जिंदगी में दूसरा अवसर था, जब उसे अपमान का घूँट पीना पड़ा था। खुशकिस्मती से जब पिटाई समाप्त हो गई, तो उसे लगा मामला खत्म हो गया है। उसे कुछ राहत महसूस हुई। साथ ही अपनी उस मूल्यवान विरासत भूल जाने की क्षमता के कारण जो उसे अपने पूर्वजों से प्राप्त हुई थी, से बड़ा लाभ हुआ। वह धीरे-धीरे आगे बढ़ गया और शराबखाने के दरवाजे तक पहुँचते-पहुँचते काफी खुश दिखने लगा।

तभी एक छोटी भिक्षुणी 'शान्त आत्मोत्थान भिक्षुणी विहार' से उसकी ओर आती दिखाई दी। भिक्षुणी को देखते ही आ क्यू के मुँह से गाली निकल जाती थी। आज इतना अपमानित होने के बाद वह भला उसे गाली दिए बिना कैसे रह सकता था? जब उसे अपने अपमान की बात याद आई, तो उसका पारा फिर से चढ़ने लगा।

"अच्छा, तो आज मुझे दुर्भाग्य का सामना इसलिए करना पड़ा क्योंकि इसकी शक्ल देखनी थी।" उसने मन-ही-मन कहा।

भिक्षुणी के निकट पहुँचकर उसने जोर से खकारकर थूका, "आख थू... आख थू...।"

छोटी भिक्षुणी उसकी ओर जरा भी ध्यान दिए बिना सिर नीचा करके चलती रही। आ क्यू उसके पास जा पहुँचा और हाल

ही में मूँडे गए उसके सिर पर हाथ फेरता हुआ पागल की तरह ठहाका लागकर बोला, "अरे ओ गंजी, जल्दी जा तेरा, भिक्षु तेरी राह देख रहा होगा।"

"कौन हो जी तुम मुझे छूने वाले?" भिक्षुणी ने कहा। उसका चेहरा शर्म से लाल हो गया और कदम तेजी से उठने लगे।

शराबखाने में मौजूद लोग खिलखिलाकर हँस पड़े। यह देखकर कि उसका कारनामा लोगों ने पसंद किया है, आ क्यू को बड़ी खुशी हुई।

"अगर तुझे तेरा भिक्षु छू सकता है, तो भला मैं क्यों नहीं छू सकता?" यह कहते हुए उसने भिक्षुणी का गाल नोच लिया।

एक बार फिर शराबखाने में मौजूद लोग खिलखिलाकर हँस पड़े। आ क्यू और ज्यादा खुशी महसूस करने लगा और जो लोग दाद दे रहे थे उन्हें और अच्छी तरह संतुष्ट करने के लिए उसने फिर एक बार भिक्षुणी का गाल जोर से नोच लिया। तब कहीं उसे जाने दिया।

इस घटना के दौरान वह मुछंदर वाङ और नकली विदेशी दरिंदे को बिल्कुल भूल चुका था। उसे लगा जैसे सारे दिन की दुर्भाग्यपूर्ण घटनाओं का बदला ले चुका हो। आश्चर्य की बात यह थी कि मार खाने के बाद की तुलना में अब वह कहीं ज्यादा तनावहीन हल्का और प्रफुल्लित अनुभव कर रहा था, जैसे हवा में तैरने के लिए तैयार हो।

"आ क्यू, तू निपूता ही मर जाए।" छोटी भिक्षुणी ने दूर जाकर रुआँसी आवाज में कोसा।

आ क्यू एक बार फिर खिलखिलाकर हँस पड़ा। शराबखाने में मौजूद लोग भी खिलखिलाकर हँस पड़े, जबकि उन्हें आ क्यू से कम ही संतोष हुआ।

अध्याय चार

प्रेम की दुखांत कहानी

कुछ विजेता ऐसे होते हैं, जो अपनी जीत से तब तक खुश नहीं होते, जब तक उनके प्रतिद्वंद्वी बाघ या बाज की तरह खूँखार न हों, अगर उनके प्रतिद्वंद्वी भेड़-बकरी या मुर्गी की तरह डरपोक हों, तो उन्हें अपनी जीत बिल्कुल खोखली प्रतीत होती है। कुछ दूसरे विजेता ऐसे होते हैं, जो अपनी सभी प्रतिद्वंद्वियों को पछाड़कर, सभी शत्रुओं को मौत के घाट उतारकर या उनसे आत्मसमर्पण करवाकर और सरासर नाक रगड़वाकर यह महसूस करने लगते हैं कि उनका शत्रु प्रतिद्वंद्वी या मित्र नहीं रहा, केवल स्वयं ही रह गए हैं– सर्वोच्च, एकाकी, निराश और परित्यक्त। तब वे अपनी जीत को केवल एक दुखांत घटना समझने लगते हैं, परन्तु हमारा हीरो इतना कमजोर नहीं था। वह सदा विजयोल्लास से भरा रहता था। यह शायद इस बात का प्रमाण था कि चीन नैतिक दृष्टि से बाकी दुनिया की तुलना में श्रेष्ठ है।

जरा आ क्यू को तो देखिए, वह कितना हल्का और प्रफुल्लित अनुभव कर रहा है जैसे उड़ने को तैयार हो।

यह जीत वास्तव में विचित्र परिणामों से रहित नहीं थी। काफी समय तक से ऐसा महसूस होता रहा, जैसे उड़ने को तैयार हो, और शीघ्र ही वह उड़ता हुआ कुल-देवता के मंदिर में जा पहुँचा, जहाँ वह प्रायः लेटते ही खर्राटे भरने लगता था, लेकिन आज रात उसकी

आँखों से नींद भाग चुकी थी, उसे महसूस हो रहा था कि उसके अँगूठे और तर्जनी को न मालूम क्या हो गया है। उसमें आम दिनों की तुलना में अधिक कोमलता आ गई थी। यह कहना कठिन था कि उस छोटी भिक्षुणी के चेहरे की मुलायम व कोमल वस्तु उसकी उँगलियों से चिपक गई थी या भिक्षुणी के गालों की रगड़ से उसकी उँगलियाँ मुलायम हो गई थीं।

"आ क्यू, तू निपूता ही मर जाए।"

ये शब्द आ क्यू के कानों में बार-बार गूँज रहे थे। वह सोचने लगा, "ठीक है, मेरी भी पत्नी होनी चाहिए। अगर कोई आदमी निपूता ही मर जाए, तो मृतात्मा का पिंडदान कौन करेगा? मेरी पत्नी अवश्य होनी चाहिए।" जैसी कि कहावत है, "जिसके पुत्र नहीं होता, उसका जैसा व्यवहार होता है, उसके तीन रूप होते हैं, जिसमें सबसे बुरा निःसंतान होना।" यह बड़े दुर्भाग्य की बात है कि "निःसंतान मृतात्मा भूखी ही रह जाती है।" स्पष्ट है कि उसके विचार ऋषि-मुनियों की शिक्षा के बिल्कुल अनुकूल थे, पर बड़े दुःख की बात है कि बाद में उसके सिर पर पागलपन का भूत सवार हो गया।

औरत! औरत! - उसने सोचा।

वह भिक्षु उसका स्पर्श करता है... औरत! औरत!... औरत... औरत! - उसने फिर सोचा।

हम यह कभी नहीं जान पाएँगे कि उस रात आ क्यू कब सोया, मगर इसके बाद शायद हमेशा ही उसे अपनी उँगलियाँ थोड़ी मुलायम महसूस होने लगीं, उसके दिमाग में एक नशा-सा छाने लगा। औरत... वह लगातार सोचता रहता।

इससे हम देख सकते हैं कि औरत मानव जाति के लिए अभिशाप है। चीन के अधिकांश पुरुषों को अगर स्त्रियाँ बर्बाद न कर देतीं, तो शायद वे ऋषि-मुनि बन गए होते। शाड़ राजवंश का विनाश ता ची ने किया था और चाओ राजवंश का उन्मूलन पाओ स ने। जहाँ तक छिन राजवंश का सवाल है, जबकि इस बात का ऐतिहासिक प्रमाण नहीं है, फिर भी यदि हम यह मान लें कि उसका पतन भी किसी औरत के कारण ही हुआ, तो शायद गलत नहीं होगा। यह सच है कि तुड़ च्वो की मृत्यु का कारण भी त्याओ छान ही थी।

आ क्यू भी शुरू में पक्के नैतिक मूल्यों वाला आदमी था जबकि हमें इस बात की जानकारी नहीं थी कि उसका मार्गदर्शन अच्छे शिक्षक ने किया था या नहीं, वह 'स्त्री-पुरुष को दृढ़ता से एक दूसरे से अलग रखने' के सिद्धांत का हमेशा बड़ी ईमानदारी से पालन करता था और छोटी भिक्षुणी और नकली विदेशी दरिंदे के पाखंडीपन की ईमानदारी से भर्त्सना करने में कभी पीछे नहीं रहता था। उसकी राय थी, "सभी भिक्षुणियाँ गुप्त रूप से भिक्षुओं के साथ अवैध संबंध रखती हैं। अगर कोई औरत रास्ते में अकेली चल रही हो, तो वह जरूर बुरे मर्दों को फुसलाना चाहती है। जब कोई मर्द और औरत आपस में बात कर रहे हों, तो जरूर अपनी मुलाकात का स्थान व समय निश्चित कर रहे होंगे।" इस तरह के लोगों को सुधारने के लिए वह उन्हें बड़े खूँखार ढंग से घूरता था, ऊँची आवाज में तीखा व्यंग्य करता था, या अगर एकांत हो, तो पीछे से पत्थर तक मार देता था।

कौन कह सकता था कि लगभग तीस बरस की आयु में, जबकि एक आदमी को दृढ़ता से खड़ा होना चाहिए, वह इस तरह

एक छोटी भिक्षुणी पर फिसल जाएगा? शास्त्रों के अनुसार इस तरह का छोटापन अत्यंत निंदनीय होता है, स्त्री सचमुच ही घृणा का पात्र होती है। यदि उस छोटी भिक्षुणी का चेहरा मुलायम नहीं होता, तो आ क्यू उस पर मोहित न होता, उसका चेहरा किसी कपड़े से ढका होता, तो भी ऐसी स्थिति न आती। आज से पाँच-छ: साल पहले खुले मंच पर ओपेरा देखते समय उसने एक दर्शक स्त्री के पैर में चुटकी भर ली थी।

लेकिन चूँकि उसके पैर पाजामे से ढके थे, इसलिए उस घटना से आ क्यू को ऐसे उन्माद की अनुभूति नहीं हुई थी, जैसी कि आज हो रही है। छोटी भिक्षुणी का चेहरा ढका हुआ नहीं था, जो उसके घिनौने पाखंडीपन का एक दूसरा सबूत था।

औरत, आ क्यू सोचता रहा।

वह उन औरतों पर कड़ी नज़र रखता, जिनके बारे में उसे खयाल होता कि वे "बुरे मर्दों को फुसलाना चाहती हैं।" लेकिन वे उसकी ओर देखकर मुस्कराती ही नहीं थीं। जब कभी कोई औरत उससे बात करती, तो वह बड़े ध्यान से सुनता था, लेकिन अब तक उसे एक भी औरत ऐसी नहीं मिली थी, जिसने उससे गुप्त रूप से मिलने के बारे में कोई बात कही हो। ओह, यह औरत के घिनौनेपन का एक दूसरा सबूत है, वे सब दरअसल एक झूठी शालीनता का लबादा ओढ़े रहती हैं।

एक दिन जब आ क्यू चाओ साहब के घर चावल पीस रहा था, तो रात का भोजन करने के बाद वह रसोई में बैठकर चिलम सुलगाने लगा। अगर किसी और का घर होता, तो भोजन के बाद वह फौरन घर लौट गया होता। लेकिन चाओ परिवार के लोग रात का खाना थोड़ा जल्दी खा लेते थे, जबकि वहाँ यह नियम था

कि खाना खाने के बाद कोई रोशनी नहीं कर सकता था और सब बिस्तर में पहुँच जाते थे, लेकिन कभी-कभी इसका अपवाद भी देखने को मिलता था। चाओ साहब के पुत्र को काउंटी की सरकारी परीक्षा पास करने से पहले इस बात की अनुमति थी कि वह रोशनी करके परीक्षा में आने वाले निबंधों की तैयारी करे, इसी तरह जब आ क्यू वहाँ काम करने जाता था, तो उसे इस बात की अनुमति थी कि चावल पीसने के लिए रोशनी किए रखे। इस अपवाद के कारण अपना काम शुरू करने के पहले आ क्यू अब भी रसोई में बैठा चिलम पी रहा था।

चाओ परिवार की एकमात्र नौकरानी आमा ऊ ने जब घर के बर्तन माँज लिए, तो वह भी लम्बी बेंच पर बैठकर आ क्यू से बातें करने लगी, "मालकिन ने दो दिन से कुछ नहीं खाया, क्योंकि मालिक रखैल लाना चाहते हैं... "

"औरत... आमा ऊ..... यह छोटी-सी विधवा।" आ क्यू ने सोचा।

"हमारी युवा मालकिन आठवें चंद्र-मास में बच्चा पैदा करने वाली है।"

"औरत...।" आ क्यू सोचता रहा।

उसने अपनी चिलम एक ओर रख दी और खड़ा हो गया।

"हमारी युवा मालिकन... " आमा ऊ बोलती गई।

"आ, मेरे साथ सो जा।" आ क्यू ने अचानक कहा और आगे बढ़कर उसके पैरों पर गिर पड़ा।

एक पल के लिए वहाँ बिल्कुल सन्नाटा छा गया।

"उई माँ... " आमा ऊ अवाक रह गई। सहसा वह काँप उठी और चीखती हुई वहाँ से भाग गई। कुछ देर बाद उसके सिसकने की आवाज आने लगी।

दीवार के सामने घुटनों के बल बैठा आ क्यू भी अवाक रह गया। खाली बेंच को दोनों हाथों से पकड़कर वह धीरे-धीरे उठा। उसे एक धुँधला-सा अहसास हो रहा था कि कुछ-न-कुछ गड़बड़ अवश्य हो गई है। वास्तव में इस समय वह खुद भी बहुत घबराया हुआ था। हड़बड़ाकर उसने अपनी चिलम कमरबंद में खोंस ली और चावल पीसने के लिए जाने लगा, लेकिन तभी किसी ने जोर से उसके सिर पर वार किया। घूमकर देखा, तो काउंटी की सरकारी परीक्षा में सफल प्रत्याशी सामने खड़ा दिखाई दिया। उसके हाथ में एक लंबा-सा बाँस था।

"तेरी हिम्मत कैसे हुई... इतनी हिम्मत कैसे हुई?"

लंबा बाँस आ क्यू के कंधों के ऊपर पहुँच गया। जब उसने अपना सिर दोनों हाथों से ढक लिया, तो वार उसकी उँगलियों के पोरों पर पड़ा। वह दर्द से कराह उठा। जब वह रसोई के दरवाजे से भाग रहा था, तो उसे लगा पीठ पर भी बाँस का वार हुआ है।

"अरे ओ कछुए की औलाद!" सफल प्रत्याशी ने पीछे से टकसाली जबान में जोर से गाली दी।

आ क्यू भागकर धान कूटने के बरामदे में जा पहुँचा। वहाँ वह अकेला ही खड़ा था। उसकी उँगलियों के पोरों में अब भी दर्द हो रहा था। "कछुए की औलाद!" ये शब्द उसके कानों में अब भी गूँज रहे थे। इसे केवल वे धनी लोग ही इस्तेमाल करते थे, जो किसी-न-किसी रूप में सरकारी अफसर रह चुके थे। इसकी वजह

से वह और अधिक डर गया और इस घटना का उसके मस्तिष्क पर बहुत गहरा असर पड़ा था। अब तक औरत के बारे में सभी तरह के विचार उसके मस्तिष्क से गायब हो चुके थे। गालियाँ और मार खाने के बाद उसे ऐसा लगा था जैसे वह सारा मामला खत्म हो चुका हो। खुश होकर वह फिर से चावल पीसने लगा। कुछ देर चावल पीसने के बाद उसे गर्मी लगने लगी और वह अपनी कमीज उतारने के लिए रुक गया।

जब आ क्यू अपनी कमीज उतार रहा था तो उसे बाहर शोर सुनाई दिया। चूँकि आ क्यू को इस तरह के शोर-शराबे में शामिल होना पसंद था, इसलिए शोर का पता लगाता हुआ वह बाहर निकला। वह सीधे चाओ साहब के अंदर वाले आँगन में जा पहुँचा। जबकि शाम का समय हो चुका था, फिर भी बहुत-से लोग वहाँ जमा थे। चाओ परिवार के सभी लोग मौजूद थे, जिनमें वह मालकिन भी थी, जिसने दो दिन से खाना नहीं खाया था। इसके अलावा पड़ोसिन श्रीमती चाओ और संबंधी चाओ पाए-येन व चाओ स-छन भी मौजूद थे।

युवा मालकिन आमा ऊ को नौकरों के कमरे से बाहर ले जाते हुए कह रही थीं, "बाहर चल... अपने कमरे में बैठकर दुःखी क्यों हो रही है?"

"हर आदमी जानता है कि तू एक भली औरत है...," श्रीमती चाओ पास से बोली, "तुझे आत्महत्या का विचार दिमाग से निकाल देना चाहिए।"

आमा ऊ रोती रही और मन-ही-मन कुछ बड़बड़ाती रही।

"यह खूब नाटक है," आ क्यू ने सोचा। "यह जरा-सी विधवा न जाने कैसे-कैसे गुल खिलाना चाहती है?" पता लगाने के लिए

वह चाओ स-छन के पास जा ही रहा था कि अचानक उसकी नज़र चाओ साहब के बड़े लड़के पर पड़ी, जो लंबा बाँस हाथ में उठाए उसकी ओर बढ़ रहा था। लंबे बाँस को देखते ही उसे याद आ गया कि उसकी पिटाई हो चुकी है और वह समझ गया कि यहाँ जो हंगामा मचा हुआ है, उसका किसी-न-किसी रूप में उसके साथ अवश्य संबंध है। वह पीछे मुड़ा और भाग खड़ा हुआ, इस आशा से कि धान कूटने के आँगन में जा छिपेगा, लेकिन यह नहीं सोच सका कि लंबा बाँस उसे पीछे नहीं लौटने देगा। इसके बाद वह फिर मुड़ा और दूसरी दिशा में भागता हुआ बिना कोई गड़बड़ किए पिछले दरवाजे से बाहर चला गया। कुछ ही समय में वह कुल-देवता के मंदिर में जा पहुँचा।

कुछ देर ऐसे ही बैठने के बाद आ क्यू सर्दी से ठिठुरने लगा और उसके रोंगटे खड़े हो गए। जबकि वसंत आ चुका था, फिर भी रातें काफी ठंडी थीं, और कमर नंगी नहीं ऱखी जा सकती थी। उसे याद आया कि उसकी कमीज चाओ परिवार के घर रह गई है। डर था कि अगर उसे लेने गया, तो सफल प्रत्याशी के लंबे बाँस की मार का मजा कहीं फिर न चखना पड़े।

और तभी बेलिफ अंदर आया। "तेरा सत्यानास हो आ क्यू के बच्चे!" बेलिफ ने कहा। "अरे ओ गद्दार, तू चाओ परिवार की नौकरानी पर हाथ रखने से मानेगा नहीं क्या? तूने मेरी नींद हराम कर दी है। तेरा सत्यानास हो जाए।"

इस तरह गालियों की बौछार होने पर यह स्वाभाविक था कि आ क्यू चुप ही रहता। रात का समय था, इसलिए आ क्यू को बेलिफ के हाथ में दोगुने पैसे, यानी चार सौ ताँबे के सिक्के रखने थे, लेकिन उसके पास एक कौड़ी भी नहीं थी, इसलिए उसने

अपना फैल्टहैट जमानत के तौर पर देकर नीचे लिखी पाँच शर्तें मंजूर कर लीं-

अगले दिन सुबह आ क्यू एक पौंडवाली दो लाल मोमबत्तियाँ और एक बंडल अगरबत्तियाँ चाओ परिवार के पास भेजकर अपने पाप का प्रायश्चित करेगा।

ताओ धर्म के उस पुजारी की दक्षिणा आ क्यू देगा, जिसे चाओ परिवार के भूत-प्रेतों को भगाने के लिए बुलाया गया है।

भविष्य में आ क्यू चाओ परिवार के घर में बिल्कुल कदम नहीं रखेगा।

अगर आमा ऊ को दुर्भाग्य से कुछ हो गया, तो उसके लिए आ क्यू को ही दोषी ठहराया जाएगा।

आ क्यू अपनी उजरत और कमीज लेने चाओ परिवार के घर नहीं जाएगा।

आ क्यू ने सारी शर्तें मान लीं, पर अफसोस की बात है कि उसके पास नकद पैसा बिल्कुल नहीं था। भाग्य से वसंत का मौसम आ चुका था और रूई के लिहाफ के बिना भी गुजारा हो सकता था। अतः उसने अपना लिहाफ दो हजार ताँबे के सिक्कों के बदले रेहन रखकर सारी शर्तें पूरी कर लीं। अपनी नंगी पीठ झुकाकर नाक रगड़ने के बाद भी आ क्यू के पास कुछ ताँबे के सिक्के शेष रह गए थे, पर उन्हें देकर बेलिफ से अपनी फैल्ट हैट छुड़ाने के बदले उसने सारा पैसा शराब में उड़ा दिया।

चाओ परिवार ने न तो आ क्यू की दी हुई अगरबत्तियाँ जलाईं और न मोमबत्तियाँ। उनका इस्तेमाल मालकिन भगवान बुद्ध की पूजा के लिए कर सकती थीं, इसलिए उन्हें अलग रख दिया। आ

क्यू की फटी-पुरानी कमीज से युवा मालकिन के उस बच्चे की लँगोटियाँ बना दी गईं, जो आठवें चंद्र-मास में जन्मा। बचे हुए चिथड़ों से आमा ऊ ने अपने जूते का सोल तैयार कर लिया।

अध्याय पाँच
जीविका की समस्या

चाओ परिवार के सामने नाक रगड़ने और सारी शर्तें मान लेने के बाद आ क्यू हमेशा की तरह कुल-देवता के मंदिर में लौट आया। सूरज डूब गया था। उसे कुछ अजीब-सा लग रहा था। काफी विचार करने के बाद वह इस नतीजे पर पहुँचा कि शायद नंगी पीठ होने के कारण ही उसे ऐसा महसूस हो रहा है। उसे याद आया, उसके पास एक पुरानी अस्तरवाली जाकिट अब भी मौजूद है। वह जाकिट पहनकर लेट गया। आँख खुली तो देखा, सूरज की रोशनी पश्चिम दीवार के ऊपर तक पहुँच चुकी है। "अरे, सत्यानास हो गया।" कहता हुआ वह उठा।

वह हमेशा की ही तरह गलियों में आवारागर्दों की तरह घूमने लगा। उसे एक बार फिर कुछ अजीब-सा लगने लगा, जबकि इसकी तुलना नंगी पीठ के कारण होने वाली शारीरिक असुविधा से नहीं की जा सकती थी। उस दिन के बाद वेइच्वाङ की सभी औरतें आ क्यू से कतराने लगीं। जब भी उसे आता हुआ देखतीं, घर के भीतर छिप जातीं। यहाँ तक कि श्रीमती चाओ भी, जो लगभग पचास बरस की हो चुकी थीं, उसे देखते ही घबराकर दूसरी औरतों के साथ घर में घुस गईं और उन्होंने अपनी ग्यारह साल की लड़की को भी अंदर बुला लिया। यह सब आ क्यू को बड़ा अजीब-सा

लगा, "कुतिया कहीं की।" उसने सोचा, "ये औरतें अचानक नई-नवेलियों की तरह शर्म करने लगी हैं..."

लेकिन जब कई दिन बीत गए, तो उसे और भी अधिक अजीब-सा लगने लगा। एक तो शराबखाने वाले ने उसे उधार देना बंद कर दिया, फिर कुल-देवता के मंदिर के बूढ़े पुजारी ने उससे कुछ ऐसी कड़वी बातें कहीं, जिनसे लगा कि वह आ क्यू को वहाँ से निकालना चाहता हो। फिर कई दिनों तक उसे ठीक-ठीक याद नहीं कितने दिनों तक, उसे उजरत के लिए बुलाने एक भी आदमी नहीं आया। शराबखाने में उधार मिलना बंद होने पर भी वह काम कर सकता था, लेकिन अगर उजरत के लिए बुलाने के लिए कोई नही आया, तो क्या वह भूखा मरेगा? यह स्थिति सचमुच उसके लिए एक अभिशाप थी।

जब हालात आ क्यू की बर्दाश्त से बाहर हो गए, तो वह उन घरों में गया, जहाँ उसे नियम से काम मिलता रहता था, केवल चाओ साहब के घर को छोड़कर, जिसकी दहलीज पार करने की इजाजत उसे नहीं थी, ताकि मालूम कर सके कि आखिर बात क्या है, लेकिन हर जगह लोग उसके साथ अजीब ढंग से पेश आए। घर के बाहर आने वाला आम तौर पर पुरुष ही होता, जो बहुत चिढ़ा हुआ जान पड़ता था और आ क्यू को इस तरह दुत्कारता, जैसे वह कोई भिखारी हो, "यहाँ तुझे कुछ नहीं मिलेगा, कुछ भी नहीं, भाग जा यहाँ से।"

आ क्यू को यह सब देखकर और भी ज्यादा आश्चर्य होने लगा, "इन लोगों को पहले अपने काम में सहायता के लिए आवश्यक किसी-न-किसी की जरूरत होती थी।" उसने सोचा, "अचानक यह कैसे हो सकता है कि इनके पास कोई काम ही नहीं

रह गया हो। अवश्य दाल में कुछ काला है।" अच्छी तरह पूछताछ करने पर पता चला कि जब भी उनके यहाँ कोई छोटा-मोटा काम होता, तो वे लोग युवक डी को बुला लेते। युवक डी दुबला-पतला कमजोर और कंगाल-सा व्यक्ति था, जो आ क्यू की नज़रों में मुछंदर वाङ से भी गया-बीता था। कौन जानता था कि वह निचले दर्जे का आदमी उसकी रोजी छीन लेगा। इसलिए इस बार आ क्यू को रोष और दिनों के मुकाबले कहीं ज्यादा भड़क उठा। रास्ते में चलते-चलते वह गुस्से से उबल पड़ा और अचानक हाथ उठाकर गाने लगा - "हड्डी-पसली चूर तुम्हारी लोहे की छड़ से कर दूँगा।"

कुछ दिनों बाद छयेन साहब के घर के सामने उसकी मुलाकात युवक डी से हो गई। जब दो शत्रु मिलते हैं, तो उनकी आँखों से अंगारे बरसने लगते हैं। जब आ क्यू आ पहुँचा तो युवक डी सन्नाटे में खड़ा रह गया।

"अरे, ओ गधे।" आ क्यू फुँफकारा। उसकी आँखें आग उगल रही थीं और मुँह से झाग निकल रहे थे।

"मैं एक कीड़ा हूँ, बस, इससे ज्यादा और क्या चाहते हो?" युवक डी ने कहा।

उसकी इस नर्मी से आ क्यू का पारा और अधिक चढ़ गया, लेकिन उसके पास लोहे की छड़ नहीं थी, इसलिए वह हाथ फैलाकर युवक डी की चोटी पकड़ने के लिए झपटा। युवक डी एक हाथ से अपनी चोटी की रक्षा करता हुआ, दूसरे हाथ से आ क्यू की चोटी पकड़ने के लिए आगे बढ़ा। इस पर आ क्यू ने भी खाली हाथ से अपनी चोटी बचाने की कोशिश की। आ क्यू ने युवक डी को पहले कभी कुछ नहीं समझा, मगर चूँकि कुछ समय से आ क्यू भुखमरी का सामना कर रहा था, इसलिए वह भी अपने प्रतिद्वंन्दी की ही

तरह दुबला-पतला और कमजोर हो गया था। इस तरह दोनों ही बराबर के प्रतिद्वन्दी लग रहे थे। चार हाथों ने दो सिर थामे हुए थे, दोनों आदमी कमर झुकाए थे और कोई आधे घंटे तक छ्येन परिवार की सफेद दीवार पर उनकी नीली इंद्रधनुषाकार परछाईं पड़ती रही।

"बहुत हो चुका, खत्म करो।" कुछ दर्शकों ने कहा। वे शायद उनके बीच सुलह करवाना चाहते थे।

"बहुत अच्छा, बहुत खूब।" कुछ दूसरे दर्शकों ने कहा, लेकिन यह साफ मालूम न हो सका कि उनका उद्देश्य क्या था, सुलह कराना, लड़ाई करने वालों की तारीफ करना या उन्हें और अधिक लड़ने के लिए उकसाना।

मगर दोनों योद्धाओं ने उनकी एक न सुनी। अगर आ क्यू तीन कदम आगे बढ़ता तो युवक डी तीन कदम पीछे हट जाता, इसके बाद दोनों स्थिर खड़े रहते। अगर युवक डी तीन कदम आगे बढ़ता तो आ क्यू तीन कदम पीछे हट जाता, इसके बाद दोनों फिर से स्थिर खड़े रहते, लगभग आधे घंटे बाद (वेइच्वाङ में केवल गिनी-चुनी ही घड़ियाँ ऐसी थीं, जो टन्न की आवाज के साथ घंटा बजाती थीं, इसलिए ठीक समय बताना मुश्किल था, हो सकता है बीस ही मिनट हुए हों) उनके सिर से भाप उठने लगी और चेहरे पर पसीने की धार बहने लगी। आ क्यू ने अपने हाथ पीछे खींच लिए। उसी क्षण युवक डी ने भी अपने हाथ पीछे खींच लिए। दोनों ने एक साथ कमर सीधी की, दोनों एक साथ पीछे हटे और भीड़ को चीरते हुए निकल गए।

"तेरी खबर फिर कभी लूँगा, नीच।" आ क्यू ने उसे कोसा।

"मैं भी तेरी खबर फिर कभी लूँगा, नीच।" युवक डी ने भी यही वाक्य दोहरा दिया।

इस महायुद्ध में न तो किसी की विजय हुई और न ही पराजय। यह भी मालूम न हो सका कि दर्शकों को इससे संतोष हुआ कि नहीं, क्योंकि उनमें से एक भी आदमी ने अपनी राय प्रकट नहीं की। यह सब होने के बावजूद आ क्यू को रोजगार देने कोई नहीं आया।

एक दिन जब मौसम में कुछ गर्मी थी और गुलाबी हवा से गर्मी के आने का आभास हो रहा था तो आ क्यू को कुछ ठंड महसूस होने लगी लेकिन यह ठंड ऐसी थी, जिसे वह आसानी से बर्दाश्त कर सकता था। उसके आगे सबसे बड़ी चिंता भूखे पेट की थी। वह अपना रूई का लिहाफ, फैल्ट हेट और कमीज काफी पहले ही गँवा चुका था। बाद में उसने अपनी रूई वाली जाकिट को भी बेच दिया। अब उसके पास केवल एक पाजामा बच गया, जिसे उतारना उसके लिए संभव नहीं था। यह सच है कि उसके पास अस्तरवाली एक पुरानी जाकिट और थी, लेकिन वह बिल्कुल चिथड़ा हो चुकी थी और केवल जूते के सोल बनाने योग्य रह गई थी। वह काफी समय से आशा कर रहा था कि उसे कहीं रास्ते में पड़ा पैसा मिल जाएगा, लेकिन अभी तक सफल नहीं हो पाया था। वह यह आशा भी कर रहा था कि शायद किसी दिन उसे अपने टूटे-फूटे कमरे में अचानक कोई धन मिल जाएगा। इसे पाने के लिए उसने कमरे की पूरी तरह खोजबीन भी कर डाली थी, लेकिन कमरा बिल्कुल खाली था, उसमें फूटी कौड़ी भी नहीं थी। इसके बाद उसने तय कर लिया कि भोजन की खोज में गाँव से बाहर चला जाएगा।

भोजन की खोज में वह सड़क पर जा रहा था, तो सामने हमेशा से परिचित शराबखाना और भपौरी रोटी पर नज़र पड़ी, लेकिन वहाँ एक पल के लिए भी रुके बिना, यहाँ तक कि उन्हें पाने के लिए ललचाए बिना ही आगे बढ़ गया। उसे इन चीजों की तलाश नहीं थी, जबकि वह यह बात खुद नहीं जानता था कि उसे किस चीज की तलाश थी।

वेइच्वाङ कोई बड़ा गाँव नहीं था, इसलिए जल्दी ही उसे पीछे छोड़कर आ क्यू आगे बढ़ गया। गाँव के बाहर अधिकांश धान के खेत फैले हुए थे। दूर क्षितिज तक धान के कोमल अंकुरों की हरियाली छाई थी। कहीं-कहीं गोल काली आकृतियाँ हिलती-डुलती दिखाई दे रही थीं। वे खेतों में काम करने वाले किसान थे, लेकिन ग्रामीण जीवन की इस आनंदभरी अनुभूति से विरक्त आ क्यू लगातार अपने रास्ते चला जा रहा था, क्योंकि वह अच्छी तरह इस बात को जानता था कि यह भोजन की खोज से कोसों दूर है। अंत में वह शांत आत्मोत्थान भिक्षुणी विहार की चारदीवारी के पास जा पहुँचा।

यह भिक्षुणी विहार भी चारों ओर से धान के खेतों से घिरा था। इसकी सफेद दीवारें हरियाले खेतों के बीच साफ तौर से दिखाई दे रही थीं। पिछवाड़े की ओर मिट्टी की नीची दीवार के अंदर की ओर सब्जियों का बगीचा था। एक क्षण के लिए आ क्यू ठिठका और अपने चारों ओर नज़र डाली। आसपास कोई नज़र नहीं आया, इसलिए वह एक पेड़ के सहारे उस नीची दीवार पर चढ़ गया। मिट्टी की दीवार पर सहसा भरभराकर गिरने को हुई। आ क्यू डर के मारे काँपने लगा, लेकिन शहतूत की पेड़ की शाख से लटककर दीवार फाँदता हुआ अंदर चला गया। वहाँ सब्जियों की भरमार

थी, लेकिन पीली शराब, भपौरी रोटी या अन्य किसी खाद्य पदार्थ का कहीं कोई निशान नहीं था। पश्चिमी दीवार के निकट बाँसों का झुरमुट खड़ा था, जहाँ बाँस की कोमल कोंपलें फूट रही थीं, लेकिन दुर्भाग्य से ये कोपलें पकी हुई नहीं थीं। सरसों के पौधे खड़े थे, जो काफी समय पहले ही बीज के लिए चुन लिए गए थे, राई के पौधों पर फूल खिलने वाले थे और पत्ता गोभी की छोटी-छोटी गाँठें कठोर मालूम पड़ रही थीं।

आ क्यू को परीक्षा में अनुत्तीर्ण किसी विद्वान के समान निराशा हुई। वह धीरे-धीरे बगीचे के फाटकी की ओर बढ़ने लगा। सहसा वह खुशी से झूम उठा। उसकी नज़र सामने शलजम की क्यारी पर पड़ी। नीचे झुककर उसने शलजम खोदना शुरू कर दिया। अचानक फाटक के पीछे से एक घुटा हुआ सिर नज़र आया, जो तुरंत गायब हो गया। यह वास्तव में वही छोटी भिक्षुणी थी। जबकि आ क्यू छोटी भिक्षुणी जैसे लोगों को बहुत नफरत की नज़र से देखता था, फिर भी कभी-कभी ऐसा समय आ जाता है, जब "होशियारी को ही सबसे बड़ी अकलमंदी समझा जाता है।" उसने जल्दी-जल्दी चार शलजम उखाड़े, पत्तियाँ तोड़कर फेंक दीं और उन्हें अपनी जाकिट में लपेट लिया। तब तक एक बूढ़ी भिक्षुणी बाहर आ पहुँची।

"भगवान बुद्ध हमारी रक्षा करें। अरे आ क्यू, तू हमारे बगीचे में कूदकर शलजम चुराने क्यों आया है? हे भगवान, यह कितना बड़ा पाप है। भगवान बुद्ध हमारी रक्षा करें।"

"मैं तुम्हारे बगीचे में कब कूदा और तुम्हारे शलजम कब चुराए?" आ क्यू ने उत्तर दिया और भिक्षुणी की ओर देखता हुआ वहाँ से चल पड़ा।

"अभी-अभी चुराए हैं। देख, यह क्या है?" उसकी जाकिट की तहों की ओर इशारा करते हुए बूढ़ी भिक्षुणी बोली।

"क्या ये तुम्हारे हैं? क्या तुम इसे साबित कर सकती हो? तुम... "

अपनी बात पूरी करने से पहले ही आ क्यू सिर पर पाँव रखकर भाग खड़ा हुआ। उसके पीछे एक बहुत मोटा काला कुत्ता लपका। शुरू में यह कुत्ता सामने फाटक पर था। वह पीछे के बगीचे में कैसे पहुँचा, यह बड़े आश्चर्य की बात थी। काला कुत्ता गुर्राता हुआ आ क्यू के पीछे दौड़ा और उसकी टाँग पर दाँत मारने ही वाला था कि उसी समय उसकी जाकिट में से एक शलजम नीचे गिर गया। कुत्ता चौंक पड़ा और एक क्षण के लिए वहीं रुक गया। अवसर का लाभ उठाकर आ क्यू शहतूत के पेड़ पर चढ़ गया और मिट्टी की दीवार फाँदकर शलजम समेत दूसरी ओर जा गिरा। काला कुत्ता शहतूत के पेड़ के पास भौंकता रह गया और बूढ़ी भिक्षुणी भगवान को याद करती खड़ी रही।

कहीं भिक्षुणी काले कुत्ते को उसके पीछे फिर न दौड़ा दे, इस डर से आ क्यू ने झट अपने शलजम बटोर लिए और दो-चार छोटे पत्थर हाथ में उठाकर भाग निकला। काला कुत्ता फिर नहीं आया। आ क्यू ने पत्थर नीचे फेंक दिए और शलजम खाता हुआ आगे बढ़ गया। उसने मन में सोचा, "यहाँ कुछ नहीं मिलेगा शहर जाना ही ठीक रहेगा।"

तीसरा शलजम खा चुकने तक उसने शहर जाने का पक्का फैसला कर लिया।

अध्याय छह

उत्थान से पतन की ओर

उस बरस चंद्रोत्सव से पहले आ क्यू वेइच्वाङ में दिखाई नहीं दिया। उसके लौटने की खबर सुनकर हर आदमी आश्चर्य करने लगा और पुरानी बातों को याद करके सोचने लगा कि इस बीच वह गया कहाँ था। इससे पहले दो-चार अवसरों पर जब आ क्यू शहर गया था, तो लोगों को पहले से ही बड़ी शान से सूचित कर गया था, इस बार उसने ऐसा नहीं किया, इसलिए उसके शहर जाने का किसी को पता ही न चला। शायद उसने कुल-देवता के मंदिर के बूढ़े पुजारी को बताया हो, लेकिन वेइच्वाङ की प्रथा के अनुसार शहर जाना केवल तभी महत्त्वपूर्ण समझा जाता था जब चाओ साहब, छ्येन साहब या काउंटी की सरकारी परीक्षा में सफल प्रत्याशी शहर जाते थे। यहाँ तक कि नकली विदेशी दरिंदे के शहर जाने की भी चर्चा नहीं होती थी। आ क्यू की भला क्या हैसियत थी। इससे यह मालूम हो जाता है कि उस बूढ़े पुजारी ने आ क्यू के शहर जाने की बात किसी से क्यों नहीं कही थी। नतीजे के तौर पर गाँव वालों के पास यह बात जानने का कोई उपाय नहीं था।

आ क्यू की इस बार की वापसी भी पहले की तुलना में अलग तरह की थी, जो लोगों को आश्चर्य में डालने के लिए काफी थी। शाम हो चुकी थी। नींद से भरी आँख लिए वह शराबखाने के दरवाजे पर जा पहुँचा और सीधे काउंटर पर पहुँचकर अपने कमरबंद से मुट्ठी भर चाँदी और ताँबे के सिक्के निकाल उन्हें खनखनाता हुआ काउंटर पर रखकर बोला, "नकद पैसा है, शराब लाओ।" वह अस्तरवाली नई जाकिट पहने हुए था। कमर में बड़ा-सा बटुआ लटक रहा था, जिसके भारी वजन से कमरबंद कुछ नीचे की ओर झुक गया

था। वेइचवाङ में प्रथा थी कि अगर किसी आदमी में कोई अनूठी बात नज़र आती, तो उसके साथ इज्जत का बर्ताव किया जाता, न कि शराबखाने का। जबकि उस समय लोग अच्छी तरह जान गए थे कि यह आ क्यू ही है, फिर भी वह फटे-पुराने कोट वाले आ क्यू से बिल्कुल अलग व्यक्ति बन चुका था। प्राचीन कहावत है, "यदि कोई विद्वान तीन दिन के लिए भी बाहर गया हो, तो उसे नई दृष्टि से देखना चाहिए।" इसलिए वेटर, शराबखाने का मालिक, ग्राहक और सड़क पर आने जाने वाले सभी सहज रूप से उसे एक सम्मानजनक संदेह की नज़र से देख रहे थे। शराबखाने के मालिक ने सिर हिलाकर कहा, "क्यों भाई, आ क्यू वापस आ गए?"

"हाँ, आ गया हूँ।"

"खूब पैसा कमाया है तुमने, वैसे गए कहाँ थे?"

"शहर चला गया था।"

अगले दिन तक यह खबर पूरे वेइच्वाङ में फैल गई, हर आदमी आ क्यू की सफलता, उसकी नगद पूँजी और उसकी अस्तरवाली नई जाकिट की कहानी जानना चाहता था, इसलिए गाँव वालों ने शराबखाने में, चाय की दुकान में और मंदिर के नीचे, धीरे-धीरे इस खबर की खोज-बीन शुरू कर दी। नतीजा यह हुआ कि उन्होंने आ क्यू के साथ एक नए सम्मानपूर्ण ढंग से व्यवहार करना शुरू कर दिया।

आ क्यू ने बताया कि शहर जाकर वह प्रांतीय सरकारी परीक्षा में सफल प्रत्याशी का घरेलू नौकर बन गया था। उसकी कहानी का यह हिस्सा जिसने भी सुना वह चकित रह गया। प्रांतीय सरकारी परीक्षा में सफल प्रत्याशी का नाम पाए था, पर वह पूरे शहर मे एक मात्र सफल प्रांतीय प्रत्याशी था, इसलिए उसका कुलनाम लेने की

आवश्यकता नहीं समझी जाती थी- जब भी कोई प्रांतीय सरकारी परीक्षा में सफल प्रत्याशी का बखान करता, तो उसका तात्पर्य पाए साहब से ही होता था। यह बात सिर्फ वेइचवाङ के लोग ही नहीं बल्कि तीस मील तक पूरे क्षेत्र के लोग जानते थे, जैसे हर आदमी उसका नाम 'श्री प्रांतीय परीक्षा में सफल प्रत्याशी ' ही समझता हो। इतने महत्त्वपूर्ण आदमी के घर में काम करने वाले की इज्जत होना स्वाभाविक था, लेकिन आ क्यू ने आगे बताया कि कुछ समय बाद उसे वहाँ काम करने की इच्छा नहीं रहीं, क्योंकि वह सफल प्रत्याशी एक नंबर का हरामजादा था। कहानी का यह हिस्सा जिसने भी सुना, उसने एक राहत की साँस ली। लेकिन इसके पीछे खुशी भी छिपी हुई थी, क्योंकि इससे प्रकट हो जाता था कि आ क्यू ऐसे आदमी के घर में काम करने योग्य नहीं है। फिर भी काम न करना बड़े अफसोस की बात थी।

आ क्यू ने बताया, उसके लौटने का कारण यह भी था कि शहर के लोगों को देखकर उसे तसल्ली नहीं हुई थी, क्योंकि वे लोग लंबी बेंच को सीधी बेंच कहते थे, मछली तलने के लिए हरी प्याज के बारीक टुकड़े इस्तेमाल करते थे, और उनमें एक ऐसी त्रुटि थी, जिसका उसे हाल ही में पता लगा था। उनकी औरतें चलते समय अपने कूल्हे ज्यादा आकर्षक ढंग से नहीं मटकाती थीं, लेकिन शहर में कुछ अच्छी बातें भी थीं। उदाहरण के लिए, वेइचवाङ में हर आदमी बत्तीस पाँसों से खेलता था और केवल नकली विदेशी दरिंदा ही ऐसा था, जो 'माच्याड़' खेलना जानता था, लेकिन शहर में गली-मुहल्लों के लड़के भी 'माच्याड़' के खेल में माहिर थे। अगर कहीं नकली विदेशी दरिंदे को इन शैतान लड़कों को हाथ में सौंप दिया जाता, तो वे उसे सीधे नर्क के राजा के दरबार का छोटा

शैतान बना डालते। जिन लोगों ने कहानी का यह भाग सुना, उनके चेहरे शर्म से लाल हो गए।

"क्या तुम लोगों ने कभी किसी को मौत की सजा देते सुना है?" आ क्यू ने पूछा। "ओह, कितना जोरदार दृश्य होता है, जब वे क्रांतिकारियों को मौत की सजा देते हैं। ओह, कितना जोरदार दृश्य होता है, कितना जोरदार दृश्य होता है।" बात करते हुए, जब उसने सिर हिलाया तो उसके मुँह से निकले थूक के छींटे चाओ स-छन के चेहरे पर जा गिरे, जो उसके बिल्कुल सामने खड़ा था। जिन लोगों ने कहानी का यह भाग सुना, वे डर से काँप उठे। तभी चारों ओर नज़र डालने के बाद उसने अचानक दायाँ हाथ उठाकर मुछंदर वाङ की गर्दन दबोच ली, जो सिर आगे करके उसकी बातें बड़े ध्यान से सुन रहा था।

"मार डालो।" आ क्यू चिल्लाया।

बिजली या चकमक पत्थर की चिनगारी की-सी तेजी से मुछंदर वाड़ ने एक झटके से अपना सिर पीछे खींचा और भाग खड़ा हुआ। आसपास खड़े लोग अचरज भरी शंका से सहम उठे। इसके बाद मुछंदर वाड़ कई दिन तक आतंकित रहा और आ क्यू के पास फटकने की हिम्मत न उसको हुई, न किसी और को।

यह नहीं कहा जा सकता कि उस समय वेइचवाङ के लोगों की नज़रों में आ क्यू का रुतबा चाओ साहब से बड़ा था, फिर भी बिना गलत बोलने के खतरे के यह अवश्य कहा जा सकता है कि दोनों का रुतबा लगभग एक जैसा था।

कुछ दिनों में आ क्यू की प्रसिद्धि अचानक वेइचवाङ के स्त्री समाज में भी फैल गई। वैसे तो वेइचवाङ में छ्येन और चाओ केवल दो परिवार ऐसे थे, जिन्हें ठाठ से रहने वाले परिवार कहा जा

सकता था। शेष नब्बे प्रतिशत परिवार बिल्कुल गरीब थे, फिर भी स्त्री समाज होता है, और जिस ढंग से आ क्यू की प्रसिद्धि उसमें फैली थी, उसे एक छोटा-मोटा चमत्कार ही समझा जाएगा। जब भी औरतें आपस में मिलतीं, एक-दूसरे से कहतीं, " श्रीमती चाओ ने आ क्यू से एक नीले रंग का रेशमी लहँगा खरीदा है। वैसे लहँगा पुराना है, फिर भी उसकी कीमत केवल नब्बे सेन्ट है। और चाओ पाए-येन की माँ (इसकी जाँच करना अभी बाकी है, क्योंकि कुछ लोग कहते हैं कि चाओ स-छन की माँ थी) ने गहरे लाल रंग की विदेशी छींट की बनी बच्चे की पोशाक, जो करीब-करीब नई जैसी ही थी, केवल तीन सौ ताँबे के सिक्कों में खरीदी थी और उसे इसके मूल्य में आठ प्रतिशत की छूट भी मिली थी।"

बाद में जिन औरतों के पास रेशम का लहँगा नहीं था या जो विदेशी छींट का कपड़ा लेना चाहती थीं, वे इन वस्तुओं को खरीदने के लिए आ क्यू से मिलने के लिए बहुत बेचैन हो उठीं। अगर वह कहीं नज़र आ जाता तो, उससे बचने के बजाय, उसके पीछे चल पड़तीं और उससे रुकने का आग्रह करतीं।

"आ क्यू, क्या तुम्हारे पास कुछ रेशमी लहँगे और भी हैं?" वे पूछतीं, "नहीं हैं क्या? हमें विदेशी छींट का कपड़ा भी चाहिए। है क्या तुम्हारे पास?"

बाद में यह खबर गरीब घरों से अमीर घरों में जा पहुँची। श्रीमती चाओ अपने रेशमी लहँगे से इतनी खुश हुई कि इसे दिखाने श्रीमती चाओ के पास ले गई और श्रीमती चाओ ने चाओ साहब के आगे इसकी बड़ी प्रशंसा की।

चाओ साहब ने रात के भोजन के समय इसकी चर्चा अपने लड़के से की, जो काउंटी की सरकारी परीक्षा में सफल प्रत्याशी

था। चाओ साहब ने यह भी कहा कि आ क्यू का व्यवहार बड़ा संदिग्ध प्रतीत होता है और उन्हें अपने दरवाजों व खिड़कियों को होशियारी से बंद रखना चाहिए, लेकिन साथ ही वे यह भी जानना चाहते थे कि आ क्यू के पास अब कोई सामान शेष रह गया है या नहीं और उनका खयाल था कि उसके पास अब भी शायद कोई अच्छी वस्तु शेष रह गई है। चूँकि श्रीमती चाओ को एक अच्छी, सस्ती फर की जाकिट की आवश्यकता थी, इसलिए परिवार के अंदर सलाह करने के बाद फैसला किया कि श्रीमती चाओ से कहा जाए कि आ क्यू का पता लगाकर उसे फौरन ले आएँ। इसके लिए अपवाद स्वरूप तीसरी बार परिवार का नियम तोड़ा गया। उस रात बत्ती जलाए रखने की खास अनुमति दी गई।

काफी तेल जल चुका था, लेकिन आ क्यू का कहीं कोई निशान नहीं था। पूरा चाओ परिवार बड़ी बेचैनी से प्रतीक्षा करता-करता उबासियाँ लेने लगा था। कुछ लोग आ क्यू की अनुशासन-हीनता की आलोचना कर रहे थे। कुछ दूसरे श्रीमती चाओ को दोष दे रहे थे कि उन्होंने आ क्यू को लाने के लिए अधिक कोशिश नहीं की होगी। श्रीमती चाओ को भय था, कहीं ऐसा तो नहीं कि उस बरस वसंत में स्वीकृत की गई शर्तों के कारण आ क्यू को यहाँ आने की हिम्मत ही न हो रही हो, पर चाओ साहब का खयाल था कि इसके बारे में चिंता करने की आवश्यकता नहीं है, क्योंकि, "इस बार उसे मैंने स्वयं बुलाया है।" चाओ साहब ने साबित कर दिया कि वे कितनी तीखी दृष्टि रखते हैं, क्योंकि आखिर श्रीमती चाओ के साथ आ क्यू आ ही पहुँचा।

"यह बार-बार कहता जा रहा है कि अब इसके पास कोई वस्तु शेष नहीं रह गई," श्रीमती चाओ हाँफती हुई बोली, "जब मैंने

इससे कहा कि तुम यह सब स्वयं जाकर बता आओ, तो बोलता ही चला गया। मैंने इससे कहा... "

"श्रीमान," आ क्यू मुस्कराने की कोशिश करते हुए बोला।

"आ क्यू, मैंने सुना है, तुम वहाँ जाकर काफी धनी बन गए हो," चाओ साहब ने उसके पास जाकर एक नज़र उसे ऊपर से नीचे तक देखते हुए कहा, "बहुत अच्छी बात है। अब लोग कहते हैं, तुम्हारे पास कुछ पुरानी वस्तुएँ भी हैं। उन सबको यहाँ लाओ, ताकि हम लोग देख सकें। हम उनमें से कुछ वस्तुएँ लेना चाहते हैं।"

"श्रीमती चाओ को मैं बता चुका हूँ कि अब मेरे पास कुछ भी शेष नहीं है।"

"कुछ भी नहीं बचा?" चाओ साहब की बात से निराशा झलक रही थी, "ये वस्तुएँ इतनी जल्दी कैसे समाप्त हो गईं?"

"ये सब वस्तुएँ मेरे एक दोस्त की थीं। वास्तव में बहुत ज्यादा तो थीं नहीं। कुछ ही थीं। लोगों ने खरीद लीं... "

"कुछ न कुछ तो बचा होगा।"

"केवल दरवाजे का एक पर्दा बच गया है।"

"दरवाजे का पर्दा ही ले आओ। हम उसे देखना चाहते हैं।" श्रीमती चाओ झट से बोल पड़ीं।

"अगर उसे कल ला सको तो ठीक रहेगा," बिना ज्यादा उत्साह दिखाए चाओ साहब ने कहा, "आ क्यू, आगे से जब भी तुम्हारे पास कोई वस्तु आए तो पहले हमें दिखा लेना।"

"हम तो तुम्हें औरों से कम पैसा नहीं देंगे।" काउंटी की सरकारी परीक्षा में सफल प्रत्याशी बोला। उसकी पत्नी ने आ क्यू

की प्रतिक्रिया जानने के लिए तेजी से एक नज़र उसकी ओर देखा।

"मुझे एक फर की जाकिट की आवश्यकता है।" श्रीमती चाओ ने कहा।

आ क्यू ने उसकी बात मान ली, पर वह इतनी लापरवाही से बाहर निकला कि लोगों को विश्वास ही नहीं हो पाया कि उसने उसकी बात भीतर से मानी है या नहीं। इस कारण से चाओ साहब इतने मायूस, परेशान और दुःखी हो उठे कि उन्हें उबासियाँ आना भी बंद हो गयी। काउंटी परीक्षा में सफल प्रत्याशी भी आ क्यू के व्यवहार से बिल्कुल नाखुश था। वह बोला, "ऐसी कछुए की औलाद से बहुत होशियार रहना चाहिए। अच्छा यह होगा कि बेलिफ को हुक्म देकर इसके वेइचवाङ में रहने पर प्रतिबंध लगा दी जाए।"

लेकिन चाओ साहब नहीं माने। उन्होंने कहा, "कहीं ऐसा न हो कि वह बदला लेने पर तुल जाए। वैसे कभी-कभी इस तरह के मामलों में, चील अपने स्वयं के घोसले में शिकार नहीं करती, वाली कहावत लागू होती है। आ क्यू से उसके अपने गाँव वालों को कोई डर नहीं होना चाहिए, केवल रात के समय उन्हें अवश्य अधिक चौकन्ना होना चाहिए।" पिता के इस आदेश से प्रभावित होकर काउंटी परीक्षा में सफल प्रत्याशी ने आ क्यू को गाँव-बदर करने का अपना प्रस्ताव फौरन वापस ले लिया और श्रीमती चाओ को होशियार कर दिया कि यह बात किसी के सामने कतई न दोहराएँ।

लेकिन अगले ही दिन जब श्रीमती चाओ अपने नीले लहँगे पर काला रंग करवाने ले गईं, तो उन्होंने आ क्यू पर लगाए गए आरोपों की चर्चा छेड़ दी। वैसे काउंटी परीक्षा में सफल प्रत्याशी द्वारा कही हुई उस बात की चर्चा उन्होंने नहीं की, जो उसने आ

क्यू को गाँव से निकालने के बारे में कही थी। बावजूद इसके आ क्यू को इससे बहुत हानि हुई। सबसे पहले तो बेलिफ उसके पास जा पहुँचा और दरवाजे का पर्दा उठा ले गया। आ क्यू ने विरोध किया तो कहा कि इसे श्रीमती चाओ देखना चाहती हैं, पर बेलिफ ने वापस देने से इनकार कर दिया। यहाँ तक कि आ क्यू से हर महीने कुछ माल-मत्ते की माँग भी की। गाँव वालों के मन में उसके लिए जो इज्जत पैदा हो गई थी, वह सहसा समाप्त हो गई। वैसे लोग अब भी उसके साथ हँसी-मजाक करने का साहस नहीं करते थे, पर हर आदमी उससे अधिक-से-अधिक कतराने की कोशिश करने लगा। उसके "मार डालो" का जो भय मस्तिष्क में पहले से बैठा हुआ था, उससे यह अलग प्रकार का डर था, फिर भी प्राचीन समाज द्वारा भूत-प्रेतों के प्रति अपनाए गए रवैये से यह बहुत मिलता-जुलता था, लोग उसके और अपने बीच एक सम्मान भरी दूरी बनाए रखते थे।

कुछ निठल्ले लोग इस व्यापार की तह में जाना चाहते थे, उन्होंने आ क्यू के पास जाकर अच्छी तरह पूछताछ की। बात छिपाने की तनिक भी कोशिश किए बिना आ क्यू ने बड़े गर्व से उनके सामने अपने कारनामों का बयान कर डाला। उसने उन्हें जो बताया कि शहर में वह बस एक मामूली-सा चोर था, जो न केवल दीवार फाँदने में, बल्कि खुले खिड़की-दरवाजों से भीतर जाने में भी असमर्थ था, वह तो खुले खिड़की-दरवाजों के बाहर खड़ा होकर चोरी का माल पकड़ सकता था।

एक दिन रात के समय जब चोरी के माल की एक गठरी उसे पकड़ाने के बाद उसके गिरोह का सरदार फिर से अंदर गया, तो भीतर से बहुत जोर का शोर-गुल सुनाई प़ड़ा। आ क्यू ने आव देखा

न ताव, वह सिर पाँव रखकर भाग खड़ा हुआ। उसी रात वेइचवाङ लौट आया, उसके बाद उसने दोबारा इस व्यापार में लौटने की हिम्मत नहीं की। इस कहानी से आ क्यू की इज्जत को और ज्यादा आघात पहुँचा। गाँव वाले उसके और अपने बीच एक सम्मान भरी दूरी इसलिए बनाए रखते थे, क्योंकि वे लोग उससे दुश्मनी मोल नहीं लेना चाहते थे। भला यह कौन जानता था कि वह एक ऐसा चोर है, जिसके अंदर फिर से चोरी का साहस नहीं? अब कहीं उन्हें मालूम हुआ कि वह सचमुच घटिया जीव था, इसलिए उससे डरने की आवश्यकता नहीं थी।

अध्याय सात

क्रांति

सम्राट श्वान थुङ के शासन काल में तीसरे बरस नवें चंद्र मास की चौदहवीं तारीख को, जिस दिन आ क्यू ने अपना बटुआ चाओ पाए-येन को बेच दिया था, आधी रात के समय जब तीसरी घड़ी ने चौथा घंटा बजाया तो एक बड़े-से पालवाली विशाल नाव चाओ परिवार के घाट पर आकर लगी। यह नाव अँधेरे में उस समय किनारे लगी, जब गाँव वाले गहरी नींद सो रहे थे, इसलिए उन्हें कानों-कान खबर नहीं लगी, लेकिन पौ फटने पर जब नाव वहाँ से जाने लगी, तो कई लोगों ने उसे देख लिया। खोज के बाद पता चला कि नाव प्रांतीय सरकारी परीक्षा में सफल प्रत्याशी की थी।

इस घटना से वेइचवाङ में बडी खलबली मच गई। दोपहर होने तक सभी गाँव वालों के दिल तेजी से धड़कने लगे। चाओ परिवार इस नाव की यात्रा के उद्देश्य के बारे में बिल्कुल मौन रहा, लेकिन चाय की दुकान और शराबखाने में जोरों से चर्चा थी

कि क्रांतिकारी शहर में प्रवेश करने वाले हैं और प्रांतीय सरकारी परीक्षा में सफल प्रत्याशी शरण लेने गाँव में आ गया है। केवल श्रीमती चाओ की राय इससे भिन्न थी। उनका कहना था कि प्रांतीय परीक्षा में सफल प्रत्याशी केवल कुछ टूटे-फूटे संदूक वेइचवाङ में रखवाना चाहता था, पर चाओ साहब ने उन्हें वापस भिजवा दिया। वास्तव में प्रांतीय परीक्षा में सफल प्रत्याशी और काउंटी परीक्षा में सफल चाओ परिवार के प्रत्याशी की आपस में बिल्कुल नहीं बनती थी। इसलिए बुरे समय में भला एक-दूसरे के काम कैसे आ सकते थे! यही नहीं, श्रीमती चाओ परिवार के पड़ोस में रहती थीं और शेष लोगों के मुकाबले अधिक अच्छी तरह जानती थीं कि क्या हो रहा है, इसलिए उनकी बात में कुछ अधिक दम मालूम होता था।

फिर भी इसके बाद यह अफवाह फैल गई कि प्रांतीय विद्वान स्वयं नहीं आया, बल्कि उसने एक लंबा पत्र भेजा है, जिसमें उसने चाओ परिवार से अपना दूर का रिश्ता निकाल लिया है। सोच-विचार करने के बाद चाओ साहब को यह लगा कि संदूक रखने में उन्हें कोई हानि नहीं होने वाली, इसलिए उन्होंने संदूक अपनी पत्नी के पलँग के नीच छिपाकर रखवा दिए। जहाँ तक क्रांतिकारियों का संबंध है, कुछ का कहना है कि वे सफेद रंग के लोह टोप और कवच पहनकर सम्राट थुङ चन की मातमपुर्सी करते हुए उस रात शहर में प्रवेश कर चुके हैं।

आ क्यू क्रांतिकारियों के बारे में बहुत पहले से जानता था और इस साल उनके सिर कटते अपनी आँखों से देख चुका था, पर वह सोचता था कि क्रांतिकारी विद्रोही होते हैं और अगर विद्रोह हो गया, तो हालात उसके लिए और कठिन हो जाएँगे, इसलिए वह उन्हें हमेशा नापसंद करता था और उनसे दूर ही रहता था। कौन

सोच सकता था कि वे लोग प्रांतीय परीक्षा में सफल प्रत्याशी को भी, जिसकी प्रसिद्धि चारों ओर तीस मील के इलाके में फैली हुई थी, इतना डरा सकते हैं? नतीजतन आ क्यू खुश हुए बगैर नहीं रह सका। गाँव वालों में फैले आतंक से उसकी खुशी और बढ़ गई।

"क्रांति चीज कोई बुरी नहीं," आ क्यू ने सोचा, "उन सबकी समाप्ति हो... उन सबका नाश हो.. मैं स्वयं भी क्रांतिकारियों के पास जाना चाहता हूँ।"

कुछ समय से आ क्यू बहुत तंग था और शायद असंतुष्ट भी, इसके अलावा दोपहर के समय उसने खाली पेट दो प्याला शराब भी पी ली थी। नतीजतन उसे नशा आसानी से चढ़ गया। जब वह अपने खयालों में डूबा हुआ चला जा रहा था, तो उसे एक बार फिर लगा जैसे हवा में उड़ रहा हो। अचानक न जाने कैसे उसे महसूस हुआ कि वह स्वयं ही क्रांतिकारी है और वेइचवाङ के लोग उसकी हिरासत में हैं। अपनी खुशी को दबाने में असमर्थ होकर वह सहसा चिल्ला पड़ा, "विद्रोह! विद्रोह!"

सभी गाँव वाले आश्चर्य से उसकी ओर देखने लगे। आ क्यू ने इतनी अधिक करुणा भरी आँखें पहले कभी नही देखी थीं। इन्हें देखकर उसे भरी गर्मी में बर्फ का पानी पीकर मिलने वाली ताज़गी महसूस हुई। इसलिए वह और अधिक खुश होकर जोर से चिल्लाता हुआ आगे बढ़ गया, "ठीक है, जो मेरे मन भाएगा आज मै वही लूँगा, जो भी मेरे मन भाएगा, उसे मित्र समझूँगा।

"त्ता ला, त्ता ला

है अफसोस मुझे मैंने हत्या कर डाली

चूर नशे में होकर अपने चड़ भैया की,

है अफसोस मुझे मैंने हत्या कर डाली...

या, या, या।

त्रा ला, त्रा ला, थुम थी थुम!

हड्डी-पसली चूर तुम्हारी लोहे की छड़ से कर दूँगा।"

चाओ साहब और उनका बेटा अपने दरवाजे पर दो रिश्तेदारों के साथ क्रांति के बारे में चर्चा कर रहे थे। आ क्यू ने उन्हें नहीं देखा और अपना सिर पीछे किए गाते हुए आगे बढ़ गया - "त्रा ला, त्रा ला थुम थी थुम!"

"अरे दोस्त आ क्यू।" चाओ साहब ने डरी आवाज में पुकारा।

"त्रा ला!" आ क्यू गाता चला गया। वह कल्पना भी नहीं कर सकता था कि उसके नाम के साथ दोस्त शब्द का इस्तेमाल किया जा सकता है। उसे पूरा विश्वास था कि उसने गलत सुना है। उसे किसी ने नहीं पुकारा। सो उसने अपना गाना जारी रखा - "त्रा ला ला, थुम थी थुम!"

"अरे दोस्त क्यू!"

"है अफसोस मुझे तुमने हत्या कर डाली... "

"आ क्यू!" काउंटी परीक्षा में सफल प्रत्याशी ने उसका पूरा नाम लेकर पुकारना ही पड़ा।

तभी आ क्यू रुका, "कहिए क्या है?" उसने अपना सिर एक ओर झुकाकर पूछा।

"क्यू दोस्त... अब... " चाओ साहब की जीभ लड़खड़ाने लगी, "क्या यह सच है कि अब तुम धनी बनते जा रहे हो?"

"धनी बनता जा रहा हूँ? बेशक, जो वस्तु मेरे मन भाती है उसे ले लेता हूँ।"

"आ क्यू दोस्त, आ क्यू, हम जैसे गरीब दोस्तों की ओर ध्यान देने की तुम्हे फुर्सत कहाँ है?" चाओ पाए-येन ने थोड़ा शंकित होकर कहा, जैसे क्रांतिकारियों के रुख की गहराई तक पहुँचने की कोशिश कर रहा हो।"

"गरीब दोस्त? लेकिन तुम तो मुझसे अधिक धनी हो।" आ क्यू ने उत्तर दिया और वहाँ से चला गया।

वे निराश होकर मौन खड़े रहे, तब चाओ साहब और उनका बेटा अपने घर के भीतर चले गए। उस दिन इस सवाल पर तब तक विचार करते रहे जब तक बत्ती जलाने का समय नहीं हो गया। जब चाओ पाए-येन घर पहुँचा, तो उसने अपनी कमर से बटुआ निकाल कर पत्नी को दिया और उससे कहा कि इसे अपने संदूक की तह में छिपा दे।

कुछ समय तक आ क्यू को ऐसा लगा, जैसे हवा में उड़ रहा हो, लेकिन जब कुल-देवता के मंदिर में पहुँचा, तो उसका नशा उतर चुका था। उस रात मंदिर के बूढ़े पुजारी ने भी उसके साथ अप्रत्याशित रूप से दोस्ताना व्यवहार किया और उसे चाय भी पिलाई। इसके बाद आ क्यू ने पुजारी से दो चौकोर केक माँग लिए और उन्हें खाने के बाद चार आउंस की एक बड़ी अधजली मोमबत्ती और एक छोटा मोमबत्तीदान माँग लिया। मोमबत्ती जलाकर वह अकेला ही अपने कमरे में लेट गया। जैसे-जैसे मोमबत्ती की लौ दीप महोत्सव की रात की तरह घटती जा रही थी, वैसे-वैसे वह एक अलग ही ताजगी और खुशी महसूस कर रहा था और इसके साथ उसकी कल्पना भी नई उड़ान भरने लगी थी।

"विद्रोह? बहुत मजा आएगा... क्रांतिकारियों का दल आएगा। सबके सिर पर लोहे का सफेद टोप होगा और शरीर पर सफ़ेद कवच। वे तलवारों, लोहे की छड़ो, बमों, विदेशी बंदूकों, नुकीले दुधारे चाकुओं और हुक वाले भालों से लैस होंगे। वे कुल-देवता के मंदिर में आएँगे और पुकारेंगे, "आ क्यू, आ जाओ।" तब मैं उनके साथ चला जाऊँगा।

तब ये सारे गाँव वाले हास्यास्पद स्थिति में होंगे, घुटने टेक कर गिड़गिड़ा रहे होंगे, "आ क्यू, हमें बख्श दो।" लेकिन उनकी बात कौन सुनेगा। सबसे पहले युवक डी और चाओ साहब को मौत के घाट उतारा जाएगा, उसके बाद काउंटी की सरकारी परीक्षा में सफल प्रत्याशी और नकली विदेशी दरिंदे की बारी आएगी, लेकिन शायद मैं कुछ लोगों को छोड़ दूँ। कोई समय था, जब मैं मुछंदर वाड़ को छोड़ देता, लेकिन अब तो मैं उसकी सूरत भी नहीं देखना चाहता।

"चीजों के लिए मैं सीधा अंदर चला जाऊँगा और संदूक खोल डालूँगा - चाँदी की सिल्लियाँ, विदेशी सिक्के, विदेशी छींट की जाकिट... सबसे पहले मैं काउंटी की सरकारी परीक्षा में सफल प्रत्याशी की पत्नी का निड़पो पलंग मंदिर उठा ले जाऊँगा और छ्‌देन परिवार की मेज-कुर्सियाँ भी या चाओ परिवार की मेज-कुर्सियाँ इस्तेमाल करूँगा। मैं अपने हाथ से तिनका भी नहीं तोड़ूगा, केवल युवक डी को आदेश दूँगा कि मेरे लिए सारा सामान उठा लाए और थोड़ी फुर्ती दिखाए, वरना उसे मेरा थप्पड़ खाने के लिए तैयार रहना चाहिए।

"चाओ स-छन की छोटी बहन बड़ी कुरूप है। कुछ ही बरस में श्रीमती चाओ की लड़की भी युवा हो जाएगी। नकली विदेशी दरिंदे की पत्नी केवल ऐसे आदमी के साथ सोने को तैयार है, जिसके

चोटी न हो। छिः, वह भली औरत नहीं। काउंटी की परीक्षा में सफल प्रत्याशी की पत्नी की पलकों में निशान हैं। आमा ऊ बहुत दिनों से दिखाई नहीं दी, न मालूम कहाँ है। अफसोस है कि उसके पैर बहुत बड़े हैं।"

इससे पहले कि आ क्यू कोई संतोषजनक फैसला कर पाता, उसके खर्राटों की आवाज आने लगी। चार आउंस की मोमबत्ती केवल आधा इंच जली थी, उसकी टिमटिमाती लाल रोशनी में आ क्यू का खुला हुआ मुँह चमक रहा था।

"हो, हो।" आ क्यू सहसा चिल्लाया और सिर उठाकर फटी-फटी आँखों से चारों ओर देखने लगा, पर जब उसकी नज़र चार आउंस की मोमबत्ती पर पड़ी, तो वह फिर लेट गया और खर्राटे भरने लगा।

अगले दिन प्रातः बड़ी देर से जागा। बाहर गली-मोहल्ले में पहुँचा, तो हर वस्तु पहले जैसी ही नज़र आई। उसे भूख लग रही थी। बहुत विचार लड़ाने पर भी उसे कोई रास्ता नहीं सूझा। सहसा मन में एक विचार आया। वह धीरे-धीरे चल पड़ा और जानबूझकर या अनजाने में 'शांत आत्मोत्थान भिक्षुणी विहार' जा पहुँचा।

भिक्षुणी विहार उस बरस के वसंत के समान ही शांत था। उसकी सफेद दीवारें और चमकदार काला फाटक वैसे ही दिखाई दे रहे थे। एक पल सोचने के बाद उसने फाटक पर दस्तक दी, जिसे सुन कर भीतर से एक कुत्ता भौंकने लगा। उसने तुरंत टूटी-फूटी ईंटों के टुकड़े उठा लिए और फाटक पर पहुँचकर और जोर से खटखटाने लगा। काले फाटक को उसने इतनी जोर से पीटा कि उस पर कई जगह निशान पड़ गए। अंत में उसे फाटक खोलने के लिए किसी के आने की आहट सुनाई पड़ी।

टूटी ईंटों के टुकड़े हाथ में उठाए आ क्यू अपनी दोनों टांगें फैलाकर काले कुत्ते से जूझने को तैयार खड़ा था। भिक्षुणी विहार का फाटक थोड़ा-सा खुला, मगर काला कुत्ता बाहर नहीं आया। आ क्यू ने भीतर झाँका, तो उसे केवल बूढ़ी भिक्षुणी दिखाई दी।

"तुम यहाँ फिर क्यों आ गए?" बात शुरू करते हुए उसने पूछा।

"क्रांति हो गई है... क्या तुम्हें नहीं मालूम?" आ क्यू ने अस्पष्ट आवाज में कहा।

"क्रांति... क्रांति तो यहाँ एक बार हो चुकी है," बूढ़ी भिक्षुणी बोली।

उसकी आँखें रो-रो कर लाल हो रही थीं, "तुम्हारी इन क्रांतियों से हम पर न जाने क्या बीतेगी?"

"क्या कहा?" आ क्यू ने चकित होकर पूछा।

"तुम्हें क्या पता? क्रांतिकारी यहाँ पहले ही आ चुके हैं।"

"कौन-से क्रांतिकारी?" आ क्यू ने और ज्यादा ताज्जुब से पूछा।

"काउंटी की सरकारी परीक्षा में सफल प्रत्याशी और नकली विदेशी दरिंदा।"

यह सुनकर आ क्यू के आश्चर्य का ठिकाना नहीं रहा, वह बिल्कुल हक्का-बक्का रह गया। उस बूढ़ी भिक्षुणी ने देखा कि उसका लड़ाकू तेवर कुछ कम हो गया है, तो उसने फौरन फाटक बंद कर दिया, ताकि यदि आ क्यू फिर से धक्का दे, तो वह खुल न सके। जब उसने दुबारा खटखटाया, तो कोई उत्तर नहीं आया।

यह उसी सुबह की बात थी। काउंटी की परीक्षा में सफल चाओ परिवार के प्रत्याशी को एकदम खबर मिल गई। जैसे ही उसे पता चला कि क्रांतिकारी उस शहर में प्रवेश कर गए हैं, उसने झट अपनी चोटी लपेटकर सिर पर छिपा ली और सबसे पहले छ्येन परिवार के नकली विदेशी दरिंदे से मिलने गया, जबकि उन दोनों के संबंध पहले कभी अच्छे नहीं रहे थे, लेकिन अब समय आ गया था कि "सब मिल कर समाज सुधार करें," इसलिए उन दोनों के बीच बड़ी आत्मीयता से भरी बातचीत हुई। दोनों फौरन एक जैसी विचारधारा वाले साथी बन गए और उन्होंने क्रांतिकारी बनने की प्रतिज्ञा कर ली।

कुछ देर दिमाग लड़ाने के बाद उन्हें याद आया कि 'शांत आत्मोत्थान भिक्षुणी विहार' में एक शाही शिलालेख लगा हुआ है, जिस पर लिखा है-"सम्राट की जय।" इसे तुरंत हटा दिया जाना चाहिए। यह विचार आते ही वे अपनी क्रांतिकारी योजना को कार्यान्वित करने तुरंत भिक्षुणी विहार जा पहुँचे। बूढ़ी भिक्षुणी ने उन्हें रोकने की कोशिश की और उनसे कुछ कहा, इसलिए उन्होंने उसे छिङ सरकार समझ कर डंडों व घूसों से उसी खोपड़ी पर वार किए। जब दोनों चले गए, तो भिक्षुणी ने विहार का निरीक्षण किया। शाही शिलालेख टुकड़े-टुकड़े करके जमीन पर फेंक दिया गया था। कीमती श्वेन त धूपदान, जो करुणा की देवी क्वानइन की मूर्ति के सामने रखा था, वहाँ से गायब हो चुका था।

यह सब आ क्यू को बाद में मालूम हुआ। उसे इस बात का बड़ा अफसोस था कि उस समय वह सोता क्यों रह गया और वे लोग उसे बुलाने क्यों नहीं आए। उसने मन-ही-मन कहा-"हो सकता है उन्हें अब भी यह पता नहीं हो कि मैं क्रांतिकारियों की पंक्तियों में सम्मिलित हो चुका हूँ।

अध्याय आठ

क्रांति से बहिष्कृत

वेइचवाङ के लोग दिन-ब-दिन आश्वस्त होते जा रहे थे। जो खबरें उनके पास पहुँच रही थीं उनके आधार पर वे यह बात समझ चुके थे कि क्रांतिकारियों के शहर में आने से कोई खास परिवर्तन नहीं आया। मजिस्ट्रेट अब भी सबसे बड़ा अफसर था, उसका मात्र पद बदल गया था, प्रांतीय परीक्षा में सफल प्रत्याशी को भी कोई पद-वेइचवाङ गाँव के लोगों के लिए इन पदों के नाम याद रखना संभव नहीं था-किसी तरह का कोई सरकारी पद दे दिया गया था।

सेना का प्रधान अब भी वही पुराना कप्तान था। खटकने की बात केवल यह थी कि कुछ बुरे क्रांतिकारियों ने शहर में पहुँचने के बाद लोगों की चोटी काट कर उन्हें परेशान करना आरंभ कर दिया था। सुनने में आया था कि पड़ोस के गाँव का साढ़ेतिसरा नाम का एक मल्लाह उनके चंगुल में फँस गया था और अब उसकी सूरत देखने काबिल नहीं रही थी। फिर भी यह खतरा इतना बड़ा नही था, क्योंकि पहले तो वेइचवाङ के लोग वैसे ही शहर बहुत कम जाते थे, फिर जो लोग शहर जाने की बात सोच रहे थे, उन्होंने इस खतरे से बचने के लिए अपना कार्यक्रम तुरंत स्थगित कर दिया था। आ क्यू भी अपने पुराने दोस्तों से मिलने शहर जाने की योजना बना रहा था, लेकिन जैसे ही चोटी काटने की खबर सुनी, उसने अपना विचार बदल दिया।

यह कहना गलत है कि वेइचवाङ में कोई सुधार हुआ ही नहीं। आने वाले दिनों में ऐसे लोगों की संख्या धीरे-धीरे बढ़ती गई, जिन्होंने अपनी चोटी लपेटकर सिर पर बाँध ली थी, और जैसा कि पहले कहा जा चुका है, इसकी शुरुआत सबसे पहले काउंटी की

परीक्षा में सफल प्रत्याशी से हुई, इसके बाद चाओ स-छन और चाओ पाए-येन आगे आए और उनके बाद आ क्यू। अगर वह गर्मी का मौसम होता और सब लोग अपनी चोटी लपेटकर सिर बाँध लेते या गाँठ लगा लेते, तो किसी को आश्चर्य नहीं होता, लेकिन उन दिनों सर्दियाँ खत्म होने ही वाली थीं, इसलिए गर्मियों के रिवाज को सर्दी में अपनाकर जिन लोगों ने अपनी चोटी लपेटकर सिर पर बाँध ली थी, उनका यह फैसला कोई कम बहादुरी का काम नहीं था। जहाँ तक वेइचवाङ का संबंध है, यह नहीं कहा जा सकता कि इस बात का सुधारों से कोई संबंध ही न था।

जब चाओ स-छन अपनी बिना बालों की गर्दन लिए लोगों के सामने पहुँचा तो वे बोल पड़े, "वाह, यह है क्रांतिकारी।"

जब यह बात आ क्यू ने सुनी, तो वह बड़ा प्रभावित हुआ। जबकि वह बहुत पहले सुन चुका था कि काउंटी परीक्षा में सफल प्रत्याशी ने अपनी चोटी लपेटकर सिर पर बाँध ली है, फिर भी उसके मन में यह विचार कभी नहीं आया कि वह खुद भी ऐसा ही कर ले, पर जब उसने चाओ स-छन को भी उसके रास्ते पर चलते देखा, केवल तभी उसे खयाल आया कि वह भी ऐसा ही करेगा। उसने इन लोगों की देखा-देखी करने की ठान ली। बाँस की चापस्टिक की मदद से उसने अपनी चोटी सिर पर लपेट ली और कुछ संकोच के बावजूद अंत में हिम्मत करके बाहर निकल गया। जब वह गाँव की गलियों से गुजर रहा था, तो लोगों ने उसकी ओर देखा, लेकिन किसी ने कुछ नहीं कहा। आ क्यू पहले तो कुछ झुँझला गया। बाद में बहुत गुस्सा हो गया। कुछ समय से उसका पारा एकदम चढ़ जाता था। वास्तव में उसकी जिंदगी में कठिनाइयाँ क्रांति के पहले की तुलना में बढ़ी नहीं थीं और लोग नम्रता का व्यवहार करते थे तथा दुकानदार नकद पैसा देने का

आग्रह नहीं करते थे। फिर भी आ क्यू असंतोष अनुभव करता था। वह सोचता, क्रांति हो चुकी है, उसका असर और अधिक व्यापक होना चाहिए। तभी उसकी दृष्टि युवक डी पर पड़ी और उसका पारा सातवें आसमान पर चढ़ गया।

युवक डी ने भी अपनी चोटी लपेटकर सिर पर बाँधी हुई थी और दिलचस्प यह कि उसने चोटी लपेटने में बाँस की चापस्टिक की ही सहायता ली थी। आ क्यू सोच भी नहीं सकता था कि युवक डी भी यह सब करने की हिम्मत कर सकता है, वह इसे कतई बर्दाश्त नहीं कर सकता था। युवक डी है किस खेत की मूली? उसके मन में यह विचार जोरों से मचलने लगा कि उसे वहीं पकड़ ले और उसके सिर पर लगी बाँस की चापस्टिक तोड़ डाले, चोटी खोल दे और चेहरे पर कई चाँटे रसीद कर दे, जिससे उसे अपनी औकात भूलने और अपने को क्रांतिकारी समझने का दंड मिल जाए, लेकिन अंत में उसने युवक डी की ओर सिर्फ क्रोधित आँखों से देखा, तिरस्कार से थूका और छि: कहकर उसे जाने दिया।

पिछले कुछ दिनों में बस नकली विदेशी दरिंदा ही शहर गया था। चाओ परिवार के काउंटी परीक्षा में सफल प्रत्याशी ने सोचा था कि प्रांतीय परीक्षा में सफल प्रत्याशी द्वारा रखे गए संदूकों के बहाने उससे भेंट करने शहर जाएगा, मगर चोटी कटवा बैठने के डर से उसने अपना विचार बदल दिया। उसने बड़े तकल्लुफ के साथ चिठ्टी लिखी और नकली विदेशी दरिंदे के हाथ शहर भेज दी थी। नकली विदेशी दरिंदे से उसने यह भी अनुरोध किया था कि वह स्वाधीनता पार्टी से उसका परिचय करवा दे। जब नकली विदेशी दरिंदा वापस आया, तो उसने काउंटी परीक्षा में सफल प्रत्याशी से चार डॉलर लेकर उसके सीने पर चाँदी के आड़ूवाला एक बैज

टाँक दिया। वेइच्वाङ के सभी निवासियों पर धाक जम गई। उन्होंने बताया कि यह 'परसिमन तेल पार्टी' का बैज है, जिसका दर्जा हान लिन के बराबर है। इससे चाओ साहब का सम्मान अचानक उस जमाने के मुकाबले कहीं ज्यादा बढ़ गया, जब उनके बेटे ने पहली बार सरकारी परीक्षा पास की थी। परिणाम यह हुआ कि उन्होंने शेष सबको घृणा की दृष्टि से देखना शुरू कर दिया और जब कभी उनकी नज़र आ क्यू पर पड़ती, तो थोड़ी उपेक्षा का रुख अनपा लेते।

आ क्यू भी निरंतर उपेक्षा के कारण बेहद असंतुष्ट था, पर जैसे ही उसने चाँदी के आड़ूवाले बैज की बात सुनी, तो तुरंत समझ गया कि उसे उपेक्षित क्यों किया जा रहा है। किसी के यह कहने भर से कि वह क्रांति के पक्ष में चला गया है, वह क्रांतिकारी नहीं बन जाता, और न अपनी चोटी लपेटकर सिर पर बाँध लेना मात्र क्रांतिकारी बनने के लिए पर्याप्त है। सबसे महत्त्वपूर्ण बात है क्रांतिकारी पार्टी से संपर्क साधना। अपनी सारी जिंदगी में उसका दो ही क्रांतिकारियों से साक्षात्कार हुआ था। उनमें से एक शहर में अपना सिर कटवा चुका था। दूसरा नकली विदेशी दरिंदा शेष रह गया था। जब तक आ क्यू तुरंत नकली विदेशी दरिंदे से बात नहीं कर लेता, तब तक उसके लिए कोई रास्ता नहीं था।

छ्येन परिवार के घर का फाटक खुला था। आ क्यू डरता हुआ अंदर पहुँचा। घुसते ही वह चौंक पड़ा, उसने देखा नकली विदेशी दरिदा आँगन के बीचोबीच ऊपर से नीच तक काले कपड़े पहने, जो नि:संदेह विदेशी कपड़े थे, और चाँदी के आड़ूवाला बैज लगाए खड़ा है। वह अपने हाथ में छड़ी थामे था, जिसका स्वाद आ क्यू पहले ही चख चुका था। करीब एक फुट लंबे बाल जो उसने फिर से बढा लिए थे, कंधों पर संत लयू के बालों की तरह लटक

रहे थे। उसके सामने चाओ पाए-येन और अन्य तीन व्यक्ति सीधे तन कर खड़े थे। सभी नकली विदेशी दरिंदें की बात बड़े आदर से सुन रहे थे।

आ क्यू पंजे के बल चलता अंदर पहुँचा और चाओ पाए-येन के पीछे जा खड़ा हुआ। वह नकली विदेशी दरिंदे का अभिवादन करना चाहता था, किंतु समझ में नहीं आ रहा था कि उसे किस नाम से पुकारे। जाहिर था कि वह उसे नकली विदेशी दरिंदा कह कर नहीं पुकार सकता था, और न ही विदेशी या क्रांतिकारी शब्द ही ठीक जान पड़ता था। शायद इसलिए उसे लगा, संबोधन का सबसे अच्छा उपाय यह होगा कि उसे मिस्टर विदेशी कहा जाए।

लेकिन मिस्टर विदेशी की नज़र अभी उस पर नहीं पड़ी थी। अपनी आँखें चढ़ा कर वह बड़े आवेश के साथ कह रहा था, "मैं इतना अधिक भावुक हूँ कि जब भेंट हमारी हुई, तो मैंने उनसे बार-बार कहा, "हुङ साहब, इससे हमारा काम चल जाना चाहिए," लेकिन उन्होंने हर बार उत्तर दिया - 'नो' यह एक विदेशी शब्द है जिसका अर्थ तुम लोग नहीं समझ सकते। वरना हमें बहुत पहले ही सफलता मिल चुकी होती। यह इस बात का उदाहरण है कि वे कितना फूँक-फूँक कर पैर रखते हैं। उन्होंने मुझसे बार-बार हुपे प्रांत जाने को कहा, लेकिन मैं नहीं माना। जिले के छोटे-से कस्बे में कौन काम करना चाहेगा?

"अ र् र् र्... " आ क्यू ने कुछ देर तक उसके रुकने की प्रतीक्षा की और तब बोलने के लिए हिम्मत बटोरने की कोशिश की, लेकिन किसी कारण वह अब भी उसे मिस्टर विदेशी के नाम से नहीं बुला सका।

जो चार आदमी उसकी बात सुन रहे थे, वे चौंक पड़े और आ क्यू की ओर घूरने लगे। मिस्टर विदेशी ने भी पहली बार उसकी ओर देखा।

"क्या है?"

"मैं... " "

"चले जाओ यहाँ से।"

"मैं साथ होना चाहता हूँ।"

"चले जाओ यहाँ से।" मिस्टर विदेशी ने मातमपुर्सी करने वाले की छड़ी उठाते हुए कहा।

तब चाओ पाए-येन और दूसरे लोग भी चिल्ला कर बोल पड़े, "छ्येन साहब तुम्हें बाहर जाने को कह रहे हैं। तुमने सुना नहीं?"

आ क्यू ने अपना सिर बचाने के लिए दोनों हाथ उस पर रख लिए और बिना यह जाने कि वह क्या कर रहा है फाटक से बाहर चला गया। इस बार मिस्टर विदेशी ने उसका पीछा नहीं किया। कोई पचास-साठ कदम दौड़ने के बाद आ क्यू धीरे चलने लगा। यह बहुत परेशान था, क्योंकि अगर मिस्टर विदेशी ने उसे क्रांतिकारी न बनने दिया, तो उसके सामने और कोई रास्ता ही नहीं रह जाएगा। भविष्य में यह कतई आशा नहीं कर सकता था कि लोहे का सफेद टोप और सफेद कवच पहने सैनिक उसे बुलाने आएँ। उसकी सारी आकांक्षा, उद्देश्य, आशा और भविष्य एक झटके से तहस-नहस हो गए। इस बात से कि यह खबर कहीं फैल न जाए और वह युवक डी और मुछंदर वाङ जैसे लोगों के लिए उपहास का विषय न बन जाए, उसके मन में जो भय पैदा हो गया था, वह उसकी परेशानी का केवल मामूली कारण था।

इतना अधिक हतोत्साह वह पहले नहीं हुआ था। यहाँ तक कि चोटी लपेट कर सिर पर बाँधना उसे बेकार और हास्यास्पद मालूम हो रहा था। बदला लेने के लिए उसके मन में तीव्र विचार आया कि वह अपनी चोटी फौरन खोल दे, लेकिन उसने ऐसा नहीं किया। शाम तक इधर-उधर घूमता रहा और जब उधार में दो प्याले शराब पी ली तब कहीं उसका मन कुछ हलका हुआ और वह एक बार फिर लोहे के सफेद टोपों और सफेद कवचों की झलक अपने कल्पना के नेत्रों से देखने लगा।

एक दिन वह काफी रात गए घूमता रहा। जब शरबखाना बंद होने का समय हो गया बस तभी कुल-देवता के मंदिर की ओर लौटने लगा।

" धायँ! धायँ! "

अचानक उसने एक अजीब -सी आवाज सुनी, जो निश्चत रुप से पटाखों की नहीं थी। आ क्यू जो हमेशा हंगामा पसंद करता था और जिसे दूसरों के मामलों में टाँग अड़ाने में मजा आता था, अँधेरे में उस आवाज को खोजने निकल पड़ा। उसे लगा उसके सामने किसी के पैरों की आहट आ रही है। वह सावधानी से कान लगाकर सुन रहा था कि एक आदमी उसके सामने से तेजी से भाग निकला। ज्यों ही आ क्यू ने उसे देखा, उसके पीछे पूरी तेजी से दौड़ पड़ा। जब वह आदमी मुड़ा, तो आ क्यू भी मुड़ गया और जब वह मुड़ने के बाद रुका, तो आ क्यू भी रुक गया। उसने देखा पीछे कोई नहीं है और उस आदमी को पहचान लिया। वह युवक डी था।

"क्या बात है?" आ क्यू ने क्रोध से पूछा।

"चाओ... चाओ परिवार के घर चोरी हो गई।" युवक डी ने हाँफते हुए कहा।

आ क्यू का दिल तेजी से धड़कने लगा। युवक डी इतना कहकर चला गया। आ क्यू दौड़ पड़ा। रास्ते में वह दो या तीन बार रुका, फिर आगे बढ़ गया, लेकिन वह किसी समय इस धंधे मे रह चुका था, इसलिए उसमें एक अनोखा साहस पैदा हो गया। एक गली के नुक्कड़ से गुजरते हुए उसने कान लगाकर सुनने की कोशिश की। कल्पना में उसे जोर-जोर से चिल्लाने की आवाज सुनाई दी। ध्यान से देखा, तो उसे लगा कि बहुत-से सैनिक लोहे का सफेद टोप और सफेद कवच पहने संदूक ले जा रहे हैं, फर्नीचर ले जा रहे हैं, यहाँ तक कि काउंटी परीक्षा में सफल प्रत्याशी की पत्नी का निङ्पो पलंग भी ले जा रहे हैं, लेकिन वे लोग उसे ज्यादा साफ नज़र नहीं आ रहे थे। वह पास जाना चाहता था, लेकिन उसे लगा, जैसे उसके पैर जमीन में गड़ गए हों।

उस रात आकाश में चन्द्रमा नहीं उगा था। वेइच्वाङ में गहरा अँधेरा था, चारों ओर सन्नाटा था। सम्राट फू शी के शांतिपूर्ण शासन-काल की तरह सारा वातावरण शांत था। आ क्यू वहाँ तब तक खड़ा रहा, जब तक वह उकता नहीं गया। फिर भी उसे हर वस्तु पहले की ही तरह मालूम हो रही थी। दूर कहीं लोग तरह-तरह का सामान ले जाते हुए, संदूक ले जाते हुए, फर्नीचर ले जाते हुए, काउंटी परीक्षा के सफल प्रत्याशी की पत्नी का निङ्पो पलंग ले जाते हुए, ऐसा-ऐसा सामान ले जाते हुए, जिसे देखकर उसे स्वयं अपनी आँखों पर भरोसा नहीं हो रहा था, इधर-उधर आ-जा रहे थे, लेकिन आ क्यू ने उनके पास न जाने का फैसला कर लिया और मंदिर में लौट आया।

कुल-देवता के मंदिर में और भी अधिक अँधेरा था। बड़ा फाटक बंद करने के बाद वह टटोलता हुआ अपने कमरे में जा

पहुँचा। कुछ देर लेटने के बाद ही उसका मन शांत हुआ और वह सोच सका कि इस घटना का उस पर क्या असर पड़ सकता है। लोहे का सफेद टोप और सफेद कवच धारण किए सैनिक आ चुके थे, लेकिन वे उससे मिलने नहीं आए थे। वे बहुत-सी चीजें ले गए थे, लेकिन उसे अपना हिस्सा नहीं मिल सका था, यह सब नकली विदेशी दरिंदे का ही दोष था, जिसने उसे विद्रोह में शामिल नहीं होने दिया था अन्यथा यह कैसे हो सकता था कि इस बार उसे अपना हिस्सा नहीं मिलता?

आ क्यू इसके बारे में जितना अधिक सोचता, उसका गुस्सा भी उतना ही अधिक बढ़ता जाता। सोचते-सोचते उसका पारा सातवें आसमान पर चढ़ गया, "तो यह विद्रोह मेरे लिए नहीं, सिर्फ तुम लोगों के लिए है?" बड़ी चिढ़न के साथ सिर हिलाते हुए वह बुदबुदाया, "सत्यानास हो तेरा और नकली विदेशी दरिंदे के बच्चे! अच्छा, तो तू बना रह विद्रोही। जानता है, विद्रोह की कीमत सिर कटा कर चुकानी पड़ती है। मैं मुखबिर बन जाऊँगा और तेरा सिर कटवाने के लिए, तेरा और तेरे पूरे कुनबे का सिर कटवाने के लिए, तुझे शहर भिजवा कर रहूँगा। मार डालो... मार डालो... ।"

अध्याय नौ
शानदार पटाक्षेप

चाओ परिवार के घर चोरी होने पर वेइच्वाङ के अधिकतर लोग बड़े खुश हुए, पर वे सहम भी गए। आ क्यू इसका अपवाद न था, पर चार दिन बाद अचानक आधी रात के समय आ क्यू को घसीट कर शहर ले जाया गया। वह अँधेरी रात थी। एक सैनिक दस्ता, एक मिलिशिया दस्ता, एक पुलिस दस्ता और गुप्तचर विभाग के

पाँच आदमी चुपचाप वेइच्वाङ पहुँचे और कुल-देवता के मंदिर के फाटक के सामने मशीनगन लगा कर, उन्होंने अँधेरे में मंदिर घेर लिया। आ क्यू बाहर नहीं भागा। बहुत समय तक मंदिर में तिनका भी नहीं मिला। कप्तान बेचैन हो उठा और उसने बीस हजार ताँबे के सिक्कों के इनाम का ऐलान कर दिया। बस, तभी दो मिलिशियामैनों ने साहस बटोरकर दीवार फाँदी और अंदर घुस गए। उनके सहयोग से शेष लोग भी तेजी से अंदर घुस गए और आ क्यू को बाहर घसीट लाए, तब तक वह होश में नहीं आया।

शहर पहुँचने तक दोपहर हो चुकी थी। वे लोग आ क्यू को एक टूटे-फूटे सरकारी दफ्तर में ले गए, जहाँ पाँच-छः मोड़ पार करने के बाद उसे एक छोटे कमरे में धकेल दिया। जैसे ही वह गिरता-पड़ता कमरे में पहुँचा, लकड़ी के सींखचों का दरवाजा, जो कठघरे के दरवाजे जैसा लग रहा था, पीछे से तुरंत बंद हो गया। कमरे में शेष तीन ओर नंगी दीवारें थीं और जब उसने सावधानी से देखा, तो कमरे के एक कोने में से दो दूसरे व्यक्ति नज़र आए।

आ क्यू को थोड़ी बेचैनी महसूस हो रही थी, फिर भी वह निराश बिल्कुल नहीं था, क्योंकि कुल-देवता के मंदिर वाला उसका कमरा, जहाँ वह सोता था, इस कमरे के मुकाबले किसी भी तरह बेहतर नहीं था। दूसरे दो व्यक्ति भी देहाती जान पड़ते थे। धीरे-धीरे उन्होंने आ क्यू से बात शुरू की। उनमें से एक ने बताया कि प्रांतीय परीक्षा में सफल प्रत्याशी उसके दादा के जमाने का लगान वसूल करने के लिए उसे परेशान कर रहा है। दूसरा व्यक्ति यह नहीं जानता था कि उसे यहाँ क्यों लाया गया है। जब उन्होंने आ क्यू से पूछा, तो उसने साफ कह दिया, "क्योंकि मैं विद्रोह करना चाहता था।"

उस दिन तीसरे पहर उसे लकड़ी के सींखचों वाले दरवाजे के बाहर घसीट कर एक बड़े कमरे में ले जाया गया। कमरे के दूसरे किनारे पर एक बूढ़ा आदमी बैठा था, जिसकी चाँद घुटी हुई थी। आ क्यू ने पहले उसे कोई भिक्षु समझा, लेकिन जब देखा कि सैनिक उसकी रक्षा कर रहे हैं, जिनमें से कुछ लोगों की चाँद इसी बूढ़े आदमी की तरह घुटी हुई है, और कुछ लोग नकली विदेशी दरिंदे की ही तरह अपने बाल लगभग एक फुट लम्बे बढ़ाकर उन्हें अपने कंधों तक लटकाए हुए हैं, और सब के सब गुस्से से लाल-पीले होकर बडी गंभीर मुद्रा में उसकी ओर घूर रहे हैं, तो वह समझ गया कि अवश्य ही कोई महत्त्वपूर्ण व्यक्ति है। उसके घुटने खुद-ब-खुद मुड़ते चले गए और वह सिकुड़ कर धरती पर घुटनों के बल बैठ गया।

"खड़े होकर बात करो। घुटने टेकने की आवश्यकता नहीं।" लंबे कोटवाले सारे व्यक्ति जोर से बोल पड़े।

आ क्यू उनकी बात समझ गया, फिर भी वह खड़े होने में अपने को असमर्थ महसूस कर रहा था- उसका शरीर अनायास ही सिकुड़ गया था और अंत में वह बड़ी अच्छी तरह घुटनों के बल बैठ गया था।

"गुलाम कहीं का।" लंबे कोटवाले व्यक्तियों ने तिरस्कार के साथ कहा, लेकिन उन्होंने आ क्यू से उठने का आग्रह नहीं किया।

"अगर सच-सच बता दोगे तो हलकी सजा मिलेगी," घुटे सिरवाले बूढ़े आदमी ने आ क्यू की आँखों में आँखें डाल कर धीमे किन्तु स्पष्ट स्वर में कहा, "मुझे सब मालूम हो चुका है। अगर स्वीकार कर लोगे, तो छोड़ दिए जाओगे।"

"स्वीकार कर लो।" लंबे कोटवाले व्यक्तियों ने जोर से कहा।

"बात यह है कि मैं... खुद ही आना... चाहता था..." आ क्यू ने एक क्षण के लए अवाक रहने के बाद लड़खड़ाती जबान से उत्तर दिया।

"अगर ऐसी बात थी, तो तुम आ क्यों नहीं गए?" बूढ़े आदमी ने बड़ी नरमी से कहा।

"नकली विदेशी दरिंदे ने आने ही नहीं दिया।"

"बकवास बंद करो। यह चर्चा अब बेकार है। तुम्हारे साथी कहाँ हैं?"

"क्या कहा...?"

"जिन लोगों ने उस रात चाओ परिवार के घर चोरी की, वे लोग कहाँ हैं?" "वे मुझे अपने साथ नहीं ले गए थे। उन्होंने चोरी खुद की थी।" यह कहते हुए आ क्यू कुछ क्रोधित हो उठा।

"वे कहाँ हैं? अगर बता दोगे, तो तुम्हें छोड़ दिया जाएगा।" बूढ़े आदमी ने अधिक नरमी से दोहराया।

"मुझे नहीं मालूम। वे मुझे अपने साथ नहीं ले गए थे।"

इसके बाद बूढ़े आदमी के इशारे पर आ क्यू को घसीटकर लकड़ी के सीखचों वाले दरवाजे के भीतर धकेल दिया गया। अगले दिन सुबह उसे एक बार फिर घसीटकर बाहर निकाला गया।

बड़े कमरे में हर चीज पहले जैसी थी। घुटे सिरवाला बूढ़ा अब भी वहीं बैठा था और आ क्यू एक बार फिर पहले की तरह घुटनों के बल बैठ गया था।

"तुम्हें कुछ और कहना है?" बूढ़े ने बड़ी नरमी से पूछा।

आ क्यू ने सोचा और फैसला कर लिया कि उसे कुछ नहीं कहना। इसलिए उसने उत्तर दिया, "कुछ नहीं।"

इसके बाद लंबे कोटवाला एक आदमी कागज और कलम लेकर आ क्यू के पास आ पहुँचा। उसने कलम आ क्यू के हाथ में थमाने का प्रयत्न किया। आ क्यू डर के मारे काँपने लगा, उसकी जिंदगी में यह पहला अवसर था, जबकि उसे लिखने के काम आने वाली कलम हाथ में उठानी पड़ रही थी। अभी यह सोच ही रहा था कि कलम कैसे पकड़ी जाए, उस आदमी ने कागज पर एक जगह ऊँगली रखते हुए उससे हस्ताक्षर करने को कहा।

"मैं... मैं लिखना नहीं जानता।" आ क्यू ने कहा। वह शर्म से गड़ा जा रहा था। कलम पकड़े उसका हाथ काँप रहा था।

"अगर ऐसी बात है, तो एक गोल आकार बना दो। यह तो तुम्हारे लिए आसान है।"

आ क्यू ने एक गोल आकार बनाने की कोशिश की, लेकिन जिस हाथ से उसने कलम पकड़ी हुई थी, वह काँप रहा था। इसलिए उस आदमी ने आ क्यू के लिए कागज जमीन पर फैला दिया। आ क्यू झुका और उसने बड़े जतन से, जैसे इस पर उसके जीवन का अस्तित्व निर्भर हो, एक आकार बना दिया। इस भय से कि कहीं लोग उसकी हँसी न उड़ाएँ, उसने आकार को गोल बनाने की कोशिश की, लेकिन वह कमबख्त कलम न सिर्फ बहुत भारी थी, बल्कि उसके आदेश का पालन भी नहीं कर रही थी। इसके उलटे वह इधर-उधर डगमगाती हुई चल रही थी, और जब आकार पूरा होने ही जा रहा था, तो वह एक बार फिर डगमगा गई, जिससे तरबूज के बीज जैसा आकार बन गया।

चूँकि आ क्यू एक गोल आकार नहीं बना पाया, इसलिए वह शर्म के मारे गड़ा जा रहा था। उस आदमी ने बिना कुछ कहे कागज और कलम को उसके हाथ से ले लिया। इसके बाद कई लोगों ने उसे तीसरी बार घसीट कर लकड़ी के सीखचों वाले दरवाजे के भीतर धकेल दिया।

इस बार उसे ज्यादा परेशानी नहीं हुई। उसने सोचा कि इस दुनिया में हर आदमी को किसी-न-किसी समय बंदीगृह के अदंर या बाहर अवश्य जाना पड़ता है और कागज पर आकार अवश्य बनाने पड़ते हैं। उसका बनाया हुआ आकार गोल नहीं था इसलिए आ क्यू को ऐसा लग रहा था, जैसे उसकी इज्जत पर धब्बा लग गया हो, लेकिन तभी उसने यह सोचकर अपने मन को तसल्ली दी कि "केवल मूर्ख लोग ही सम्पूर्ण आकार बना सकते हैं।" मन में यही विचार लिए वह सो गया।

मगर उस रात प्रांतीय परीक्षा में सफल प्रत्याशी नहीं सो सका, क्योंकि कप्तान से उसका झगड़ा हो गया था। सफल प्रत्याशी इस बात पर जोर दे रहा था कि सबसे अधिक महत्त्व की बात है चुराए गए माल को बरामद करना, जबकि कप्तान कह रहा था कि सबसे ज्यादा महत्त्व की बात है, लोगों के सामने उदाहरण प्रस्तुत करना। कुछ समय से कप्तान प्रांतीय परीक्षा में सफल प्रत्याशी के साथ बड़ा तिरस्कारपूर्ण व्यवहार कर रहा था। इसलिए मेज पर जोर से घूँसा मारते हुए कहा था, "एक को सजा दो और सौ को डराओ। मालूम है तुम्हें, मुझे क्रांतिकारी पार्टी का सदस्य बने अभी बीस दिन भी नहीं हुए कि लूटमार की एक दर्जन से ज्यादा वारदातें हो चुकी हैं और इसमें से एक भी मामले का सुराग नहीं मिल पाया है। जरा सोचो इसकी मेरी प्रतिष्ठा पर कितना गलत असर पड़ रहा है। बड़ी

मुश्किल से यह मामला सुलझ सका है, लेकिन तुम सिद्धांत बघारने चले आए। इससे काम नहीं चलेगा। यह मेरा मामला है।"

प्रांतीय परीक्षा में सफल प्रत्याशी बहुत क्षुब्ध हो उठा, लेकिन अपनी बात पर अडिग रहते हुए उसने कहा कि अगर चोरी का माल बराद नहीं हुआ तो वह सहायक नागरिक प्रशासक के पद से तुरंत त्यागपत्र दे देगा।

"जो जी में आए करो।" कप्तान ने उत्तर दिया।

इस घटना से प्रांतीय परीक्षा में सफल प्रत्याशी उस रात सो न सका, लेकिन दिलचस्प बात यह है कि अगले दिन सुबह उसने त्यागपत्र नहीं दिया।

जिस रात प्रांतीय परीक्षा में सफल प्रत्याशी सो नहीं सका था, उसके अगले दिन सुबह आ क्यू को घसीट कर लकड़ी के सींखचों वाले दरवाजे के बाहर फिर लाया गया। जब उसे बड़े कमरे में ले जाया गया, तो घुटे हुए सिरवाला बूढा पहले की तरह वहाँ बैठा था। आ क्यू भी पहली की तरह घुटनों के बल बैठ गया।

बूढ़े आदमी ने बड़ी नरमी से उससे पूछा, "तुम्हें कुछ और कहना है?'

आ क्यू ने सोचा और फैसला कर लिया कि उसे कुछ नहीं कहना। इसलिए उसने जवाब दिया, "कुछ नहीं।"

लंबे कोट और छोटी जाकिट वाले कई लोगों ने विदेशी कपड़े की बनी एक सफेद बनियान उसे पहना दी। इस पर काले रंग के अक्षर अंकित थे। आ क्यू को घबराहट महसूस हुई, क्योंकि यह पोशाक कुछ शोक मनाने वालों की-सी लगती थी, और शोक मनाने वालों की पोशाक पहनना अपशकुन समझा जाता है। साथ

ही उसके दोनों हाथ पीठ पर बँधे हुए थे। वे लोग उसे सरकारी दफ्तर से बाहर घसीट ले गए।

आ क्यू को एक खुले छकड़े में बैठा दिया गया और कई छोटी जाकिट वाले उसके साथ बैठ गए। छकड़ा फौरन चल पड़ा। छकड़े के सामने बहुत-से सैनिक व मिलिशिया वाले चल रहे थे, जिनके कंधों पर विदेशी राइफलें लटक रही थीं। पीछे की ओर क्या था, यह आ क्यू को नज़र नहीं आ रहा था। अचानक उसे खयाल आया, "क्या ये लोग मेरी गर्दन उड़ाने तो नहीं ले जा रहे हैं?" उसका दिल दहल उठा, आँखों के सामने अँधेरा छा गया, कानों में घूँ-घूँ की आवाज गूँजने लगी और उसे लगा, जैसे बेहोश हो जाएगा। मगर वह बेहोश नहीं हुआ। वह कुछ देर तक डरा रहा, लेकिन बाद में शांत हो गया। उसने सोचा कि इस दुनिया में शायद हर आदमी को किसी-न-किसी समय अपना सिर अवश्य कटवाना पड़ता है।

इस सड़क से वह अच्छी तरह परिचित था, पर उसे बड़ा आश्चर्य हो रहा था - ये लोग उसे कत्लगाह की ओर क्यों नहीं ले जा रहे? यह बात वह नहीं जानता था कि लोगों के सामने उदाहरण प्रस्तुत करने के लिए उसे पूरे शहर में घुमाया जा रहा है। अगर उसे मालूम भी हो जाता, तो भी स्थिति में कोई बदलाव नहीं होने वाला था, बस वह सोचने लगता था कि इस दुनिया में शायद हर आदमी को किसी-न-किसी दिन लोगों के सामने अवश्य उदाहरण बन कर प्रस्तुत होना पड़ता है। और जब वे लोग कत्लगाह की ओर मुड़े, तब कहीं उसे ज्ञात हुआ कि उसका सिर कटने वाला है। जो लोग चींटियों की तरह उसके इर्दगिर्द एकत्र हो गए थे, उनकी ओर आ क्यू ने बड़ी दुःखी नज़रों से देखा। सड़क के किनारे एकत्र भीड़ में

सहसा उसकी नज़र आमा ऊ पर पड़ी। अच्छा, तो इसलिए इतने दिनों तक वह नहीं दिखाई दी। वह शहर में काम करने लगी थी।

अचानक आ क्यू को अपने ठंडे उत्साह पर शर्म महसूस होने लगी, क्योंकि उसने ओपेरा की एक भी पंक्ति नहीं गाई थी। उसके मन में अनेक विचार घूम गए, "युवा विधवा अपने पति की कब्र पर" अधिक वीररसपूर्ण नहीं है, 'नाग और बाघ की लड़ाई' के ये शब्द कि 'है अफसोस मुझे मैंने हत्या कर डाली' बिल्कुल निम्न स्तर के हैं। 'हड्डी-पसली चूर तुम्हारी लोहे की छड़ से कर दूँगा' सबसे अच्छा रहेगा। लेकिन जब उसने अपने हाथ ऊपर उठाने की कोशिश की, तो याद आया कि उसके दोनों हाथ बँधे हुए हैं। इसलिए उसने 'हड्डी- पसली चूर तुम्हारी... ' भी नहीं गाया।

"बीस बरस बाद मैं एक अन्य...।" क्षुब्ध आ क्यू के मुँह से इसकी आधी पंक्ति निकली, जिसे उसने पहले कभी याद कर लिया था परन्तु इस्तेमाल कभी नहीं किया था। "बहुत खूब।" भीड़ की आवाज़ भेड़िए की गुर्राहट के समान गूँज उठी।

छकड़ा लगातार आगे बढ़ता जा रहा था। इस शोरगुल के बीच आ क्यू की आँखें आमा ऊ को खोज रही थीं, लेकिन मालूम होता था कि उसने आ क्यू को नहीं देखा, क्योंकि वह सैनिकों के कंधों पर लटकी विदेशी राइफलों पर नज़र गड़ाए थी।

आ क्यू ने शोरगुल मचाती भीड़ पर एक बार फिर नज़र डाली।

उस समय उसके मन में फिर एक बार अनेक विचार घूम गए। आज से चार साल पहले पहाड़ की तलहटी में उसका सामना एक भूखे भेड़िए से हो गया था। भेड़िया उसके पीछे लग गया था और

उसे खा जाना चाहता था। आ क्यू को लगा कि भय के मारे उसके प्राण ही नकल जाएँगे, पर भाग्य से उसके हाथ में एक कुल्हाड़ी थी, जिससे उसके अंदर वेइच्वाङ लौटने की हिम्मत आ गई। मगर उस भेडिए की आँखों को वह कभी नहीं भूल सका था। खूँखार होते हुए भी वे सहमी हुई, दो ज्योति-पुंजों की तरह चमक रही थीं, जैसे दूर से ही उसे बेध डालेंगी। आज उसे उस भेड़िए से भी ज्यादा खूँखार आँखें नज़र आ रही हैं - ठंडी लेकिन मर्म को भेदने वाली आँखें, जो उसके शब्दों को निगल जाने के बाद उसके हाड़-मांस से भी कुछ अधिक चीजें नगल जाने को तत्पर थीं। ये आँखें एक निश्चित दूरी पर बराबर उसका पीछा कर रहीं थीं। लगता था, ये आँखें एक ही बिंदु पर केंद्रित होकर उसकी आत्मा को बेध रही हैं।

"बचाओ... बचाओ...।"

लेकिन यह शब्द आ क्यू के मुँह से कतई नहीं निकले थे। उसकी आँखों के आगे अँधेरा छा गया, कानों में घूँ-घूँ की आवाजें गूँजने लगीं और उसे लगा, जैसे सारा शरीर मिट्टी की तरह बिखर गया हो।

उस चोरी के बाद सबसे अधिक प्रभाव प्रांतीय परीक्षा में सफल प्रत्याशी पर पड़ा, क्योंकि चोरी का माल बरामद नहीं हो पाया। उसका सारा परिवार दुःख के समंदर में डूब गया। दूसरे नंबर पर सबसे अधिक प्रभाव चाओ परिवार पर पड़ा, जब काउंटी परीक्षा का सफल प्रत्याशी चोरी की रपट लिखाने शहर गया, तो कुछ बुरे क्रांतिकारियों ने न सिर्फ उसकी चोटी ही काट डाली, बल्कि उससे बीस हजार ताँबे के सिक्के भी वसूल कर लिए। इससे पूरा चाओ परिवार भी दुःख से समंदर में डूब गया। उस दिन के बाद से उन लोगों में बस एक सत्ताच्युत राजवंश के उत्तराधिकारी की-सी शान शेष रह गई।

इस घटना की चर्चा करते समय वेइच्वाङ में किसी ने कोई प्रश्न नहीं उठाया। प्राकृतिक तौर पर सभी इस बात के बारे में एकमत थे कि आ क्यू बुरा आदमी था, इसका सबूत यह था कि उसे गोली मार दी गई थी। अगर वह बुरा आदमी न होता, तो भला उसे गोली क्यों मारी जाती? लेकिन शहर के लोगों का मत उसके पक्ष में नहीं था। ज्यादा लोग इसलिए असंतुष्ट थे, क्योंकि गोली मारने का दृश्य उतना जोरदार नहीं होता, जितना कि सिर काटने का, और वह कितना हास्यास्पद अपराधी था, जो आपेरा की भी पंक्ति गाए बिना इतने गली-कूचों से गुजर गया। वे लोग व्यर्थ ही उसके पीछे गए।

अक्लमंद, मूर्ख और गुलाम

एक गुलाम हरदम लोगों की बाट जोहता रहता था, ताकि उन्हें अपना दुखड़ा सुना सके। वह बस ऐसा ही था और बस इतना ही कर सकता था। एक दिन उसे एक अक्लमंद आदमी मिल गया।

"मान्यवर!" वह उदास स्वर में रोते हुए बोला, उसके गालों पर आंसुओं की धार बह चली, "आप जानते हैं, मैं कुत्ते की ज़िन्दगी जी रहा हूँ। मुझे दिन भर में एक बार भी खाना नसीब नहीं, और अगर मिलता भी है तो बस वही बाजरे की भूसी, जिसे सुअर भी नहीं खाता और उसकी भी क्या कहूं जो एक छोटी कटोरी भर से ज्यादा नहीं मिलती...।"

"यह तो वाकई बहुत बुरा है," अक्लमंद आदमी ने सहानुभूति जतायी।

"और क्या?" वह कुछ उत्तेजित हो उठा, "जबकि मैं सारा दिन और सारी रात खटता रहता हूँ। पौ फटते ही मुझे पानी भरना पड़ता है, सांझ को मैं खाना पकाता हूँ, सुबह मैं सौंपे गये काम निपटाता हूँ,

शाम को मैं गेहूँ पीसता हूँ, जब मौसम अच्छा होता है तो मैं कपड़े धोता हूँ, और जब बारिश होती है तो मुझे छाता थामना पड़ता है, जाड़े में मैं अंगीठी सुलगाता हूँ, और गर्मी में पंखा झलता हूँ। आधी रात को मैं खुम्मियां उबालता हूँ और जुआरियों की पार्टियों में व्यस्त अपने मालिक का इंतजार अक्लमंद करता हूँ। लेकिन कभी मुझे कोई बख्शीश नहीं मिलती, बस जब-तब चाबुक ही खानी पड़ती है...।"

"मेरे प्यारे...," अक्लमंद आदमी ने स्वास छोड़ी। उसकी आँखों के किनारे कुछ-कुछ लाल हो चुके थे, मानो अब वह रो देने वाला हो।

"मैं ऐसे नहीं जी सकता, मान्यवर। मुझे कोई न कोई उपाय ढूँढना ही होगा। लेकिन मैं क्या करूँ?"

"मुझे विश्वास है कि हालात जरूर सुधरेंगे...।"

"क्या आप ऐसा सोचते हैं? निश्चय ही मैं इसकी उम्मीद करता हूँ। लेकिन अब जबकि मैंने आपको अपना दुखड़ा सुना दिया है और आपने इतनी हमदर्दी के साथ मेरा हौसला बढ़ाया है, मैं पहले से बेहतर महसूस कर रहा हूँ। इससे जाहिर होता है कि अभी भी दुनिया में कुछ इंसाफ है।"

हालांकि थोड़े ही दिन बाद वह फिर उदासी से भर उठा और अपना दुखड़ा सुनाने के लिए किसी दूसरे आदमी से मिला।

"मान्यवर!" उसने आंसू बहाते हुए संबोधित किया, "आप जानते हैं, जहाँ मैं रहता हूँ वह सुअरबाड़े से भी बद्तर जगह है। मेरा मालिक मुझे आदमी नहीं समझता। वह अपने कुत्ते को मुझसे दस हजार गुना बेहतर समझता है...।"

"उसका सत्यानाश हो!" दूसरे व्यक्ति ने इतने जोर से गाली दी कि गुलाम भोचक्का रह गया। यह दूसरा आदमी मूर्ख था।

"मैं जिसमें रहता हूँ, मान्यवर, वह टूटी-फूटी एक कमरे वाली झोपड़ी है, जिसमें सीलन, ठंडक और बेशुमार खटमल है। ज्यों ही मैं सोने जाता हूँ वे काटने लगते हैं। वह जगह बदबू से भरी हुई है और उसमें एक भी खिड़की नहीं है..।"

"क्या तुम अपने मालिक से एक खिड़की बनवाने के लिए कह सकते हो?"

"मैं कैसे कह सकता हूँ?"

"ठीक है, मुझे दिखाओ वह जगह कैसी है।"

मूर्ख आदमी गुलाम के पीछे-पीछे उसकी झोपड़ी में गया और मिट्टी की दीवार पर चोट करने लगा।

"यह आप क्या कर रहे हैं, मान्यवर?"

गुलाम डर गया था।

"मैं तुम्हारे वास्ते एक खिड़की खोल रहा हूँ।"

"यह ठीक नहीं होगा। मालिक मुझे मारेगा।"

"मारने दो।" मूर्ख आदमी दीवार पर चोट करता रहा।

"दौड़ो! एक डाकू घर तोड़ रहा है। जल्दी आओ नहीं तो वह दीवार ढहा देगा...।" चिल्लाते-सिसकते वह गुलाम पागलों की भांति जमीन पर लोटने लगा। गुलामों का एक पूरा दल ही उमड़ आया और उस मूर्ख को खदेड़ दिया। इस हल्ले-गुल्ले को सुनकर जो सबसे आखिर में धीरे-धीरे बाहर आया, वह मालिक था।

"एक डाकू हमारा घर गिरा देना चाहता था। मैंने सबसे पहले खतरे की सूचना दी, और हम सबने मिलकर उस मूर्ख को खदेड़ दिया।" गुलाम ने सम्मान और विजय गर्व से कहा।

"तुम्हारा भला हो!" मालिक ने उसकी प्रशंसा की।

उस दिन हमदर्दी दिखाने कई लोग आये, जिनमें वह अक्लमंद आदमी भी था।

"मान्यवर चूंकि मैंने अपने को काम लायक सिद्ध किया, इसलिए मालिक ने मेरी प्रशंसा की। आप सचमुच दूरदर्शी हैं, आपने उस दिन कहा था कि हालात सुधरेंगे", वह बहुत आशान्वित और खुश होकर बोला।

"यह सही है...।" अक्लमंद आदमी ने जवाब दिया, और वह भी अपने पर खुश लग रहा था।